Eva-Maria Bast | Julia Blust

Geheimnisse
der Heimat

50 spannende Geschichten aus
Friedrichshafen

Bast, Eva-Maria; Blust, Julia

Geheimnisse der Heimat: 50 spannende Geschichten
aus Friedrichshafen

edition SÜDKURIER
bei: Bücher am Münsterturm, Münsterstr. 35, 88662 Überlingen
(verantwortlich)
ISBN 978-3-9815564-0-7

1. Auflage 2012

Copyright: Eva-Maria Bast, Julia Blust
Lektorat: Lena Bast
Covergestaltung: Cornelia Müller
Layout: Julia Blust, Stefanie Kuklau
Grafik: Stefanie Hutsch, Jessica Steller
Satz: Homebase Bert Binnig Kommunikation & Design, Jarina Mühleisen
Druck: werk zwei Print+Medien Konstanz GmbH

Inhalt

Vorwort

Was ist unsere Heimat? Zunächst einmal etwas sehr Deutsches, denn in kaum eine Sprache lässt sich der Begriff in unserem Sinne übersetzen. Literaten, Künstler, Heimatforscher haben sich fast hundertfach an Definitionen versucht – doch vollständig gelungen ist keine Deutung, denn jeder Mensch versteht unter seiner Heimat etwas anderes. Dennoch – und das ist bemerkenswert – erlebt die Heimat eine Renaissance.

Die Renaissance der Heimat ist vor allem die Entstaubung eines Begriffs, der jahrzehntelang muffig vor sich hinrottete. Nach den Zeiten, in denen die Welt am deutschen Wesen noch genesen sollte, verklebte die Heimat zwischen schnulzigen Alpenfilmen und Herrenabenden, wurde ab 1968 wieder ideologisiert und politisiert und fast zermalmt. Das zarte Pflänzchen, das blieb, treibt nun wieder aus. Die Heimat ist nicht mehr klebrig oder muffig. Man zeigt Fahne und Frohsinn und haucht der Heimat neue Frische ein. Das tut gut. Produkte aus der Umgebung sind gefragt, Urlaub in Deutschland ist in und Vereine haben bei uns im Südwesten kaum Nachwuchsprobleme. Es tut den Menschen gut, zuhause zu sein und dieses Zuhause auch zu pflegen. Ein Ausdruck des liebevollen Umgangs mit der Heimat lässt sich bei uns praktisch jedes Wochenende beobachten: Mal sind es

Musikabende, mal Sportveranstaltungen, mal Wein- oder Trachten-feste. Dabei steht die Tracht für Erinnerung und Beständigkeit und in den Kleidern steckt keineswegs Muff – es ist Lebensfreude.

Diese Lebensfreude gilt es einzufangen und zu konservieren, denn sie ist Ausdruck des Zusammenhalts einer Region und damit ein Teil der Zukunft. Zu dieser Zukunft gehören auch Heimatzeitungen wie der SÜDKURIER. Diese Zeitungen haben sich zum Ziel gesetzt, ihren Lesern das Zuhause so zu schildern wie es ist: Abwechslungsreich und bunt, manchmal auch schwierig aber immer besonders. Für sein Lokal-konzept „Lust auf Heimat" wurde der SÜDKURIER mit dem Deutschen Lokaljournalistenpreis 2010 ausgezeichnet und bestärkt, diesen Weg weiter zu gehen. Denn die Zukunft liegt nicht in der Ferne, sie liegt in der Nähe.

Die Autorinnen Eva-Maria Bast und Julia Blust haben beim Thema Heimat ganz genau hingesehen. Dabei spürten sie nicht der Frage nach, was ihre Heimat ist, sondern wie sie ist – nämlich zauberhaft, span-nend und geheimnisvoll. Eva-Maria Bast und Julia Blust machten sich auf die Suche, um spannende Dinge in der Heimat zu finden, die fast jeder kennt – aber kaum jemand beachtet. Dinge, an denen man vor-beigeht, ohne das Geheimnis dahinter zu erfragen. Sie recherchierten in Archiven und alten Bibliotheken und entlockten vielen Menschen in der Region ihr Wissen. Entstanden ist ein Band mit 50 Geschichten, die die Heimat noch liebenswerter machen. Geschichten, die so in Reiseführern nicht zu finden sind. Geschichten, die sowohl Einheimi-sche als auch Touristen bereichern.

Aber was ist unsere Heimat? Nur 19 Prozent der Deutschen verbinden mit dem Begriff Heimat tatsächlich auch ihr Heimatland. Für die meis-ten von uns verbindet sich mit dem Begriff Heimat etwas ganz Eigenes: Ein Gefühl vielleicht, der eigene Geburtsort, die Kindheit – vor allem aber ein Wert, der in der immer komplexer werdenden Welt wieder wichtig wird. Im Rückbezug auf die Heimat liegt eine tiefe Sehnsucht nach Ordnung und Verlässlichkeit, einem geschützten Raum, der Handlungssicherheit gibt. Eine Sehnsucht, die vor allem bei den jün-geren Menschen in Deutschland immer stärker zunimmt, Heimat erfährt eine Renaissance.

Die Sehnsucht nach Handlungssicherheit ist aber gleichsam Ausdruck einer zunehmenden Orientierungslosigkeit, der Furcht vor dem Ungewissen und quälenden Fragen: Ist mein Geld noch sicher, bleiben die Zeiten friedlich, werde ich in der Nähe Arbeit finden? Heimat als Zauberformel reduziert die Komplexität der Welt, insofern kann man die Rückbesinnung auf Heimat durchaus auch als Warnsignal, einen leisen Hilferuf nach Ordnung verstehen – uneingeschränkt gut ist das nicht.

Noch nie waren die Menschen im Nachkriegsdeutschland so intensiv gezwungen, die Heimat zu verlassen, um neue Heimaten zu finden. Manche gehen wegen der Ausbildung, die meisten wegen besserer Arbeitsplätze. Dörfer, auch bei uns im Südwesten, bluten aus und in mancher Stadt in Ostdeutschland werden ganze Viertel abgerissen, weil die Menschen nicht zurückkehren werden. Vielen Deutschen im Osten ist die Heimat abhanden gekommen und damit ein Teil der Identität. So vermengen sich entwurzelte Identitäten aus Deutschland und der Welt an neuen Orten und schaffen neue Heimaten. Längst riecht es auch bei uns nicht mehr nur nach Felchenfilet und Rehrücken, es duftet auch nach Pizza und nach Kebabfleisch.

Aber können neue Heimaten auch überall entstehen? Das ist fraglich, denn Heimat eint nicht nur, sie grenzt auch aus, da reicht ein Blick in die unmittelbare Umgebung. Wer anders spricht als wir, und sei es nur der Dialekt, wer anders aussieht, ist erst einmal keiner von uns. Es gibt Städte, die organisieren Treffs von Landsmannschaften: Sachsen treffen Sachsen, Berliner treffen Berliner, Saarländer treffen Saarländer. Heimat scheint begrenzt und so verbinden auch nur 19 Prozent aller Deutschen mit dem Begriff Heimat ihren Geburtsort, 36 Prozent dagegen ihren Wohnort und weitere 36 Prozent finden Heimat in der Familie.

Eva-Maria Bast und Julia Blust fühlten sich nach der Recherche für diesen Band ein kleines Stück zu Hause in diesen Städten. Heimat, stellten die Autorinnen fest, beginnt da, wo man sich für die Geschichte einer Stadt interessiert, wo man Menschen trifft und spricht, die in ihrer Stadt verwurzelt sind. In diesen Momenten, erzählten die zwei, sprang der Funke der Heimatliebe, der in jeder Stadt anders leuchtet, auf sie über. Die Erlebnisse veränderten ihren Blickwinkel auf die Besonderheiten mancher Region. Was ihnen vor der Recherche etwas verschroben vorkam, erschien bei näherer Betrachtung liebenswert. Erst die Beschäftigung mit dem Detail führte zu dieser Erkenntnis, zu diesem Gewinn.

Nehmen Sie sich die Zeit und spüren Sie den Geheimnissen der Heimat nach. Nach der Lektüre dieses Bandes werden Sie manche Ecke der Städte mit ein wenig anderen Augen sehen. Dieser Blick fürs Besondere lohnt sich.

Herzlichst Ihr

Stefan Lutz
SÜDKURIER
Chefredakteur

Die Autorinnen

Eva-Maria Bast, Jahrgang 1978, arbeitet seit 1996 als freie Journalistin für verschiedene Zeitungen und Magazine. Seit ihrer Ausbildung zur Journalistin (2003–2005) ist sie als freie Mitarbeiterin vornehmlich für das SÜDKURIER-Medienhaus tätig. 2005 gründete sie das Presse- und Literaturbüro „Schriftwerk Bodensee" das 2011 in das Journalistenbüro „Büro Bast & Thissen" überging. Eva-Maria Bast initiierte und schrieb die Buchreihe „Geheimnisse der Heimat", die 2011 in der edition SÜDKURIER startete und rasch zu einem regionalen Bestseller wurde. Zeitgleich nahm sie ihr Studium der Geschichte auf. 2012 begann sie sich auch der Belletristik zu widmen. Mit „Vergissmichnicht" (Gmeiner-Verlag) gab sie ihr Krimi-Debüt. Die Handlung steht in engem Zusammenhang mit den „Geheimnissen der Heimat." Eva-Maria Bast hat drei Kinder und lebt mit ihrer Familie in Überlingen am Bodensee.

Julia Blust, Jahrgang 1980, ist seit Abiturszeiten mit dem Journalismus verhaftet. Nach der Schule führte der erste Weg zum SÜDKURIER in Villingen zum Praktikum – ein ganzes Jahr lang dauerte dieses „Reinschmecken" schließlich. An der Universität Leipzig studierte sie dann Diplom-Journalistik und Amerikanistik. Während dieser Zeit absolvierte sie zwar Praktika in München, Hamburg und Berlin – doch zum Volontariat ging's wieder zurück zum SÜDKURIER-Medienhaus. Und auch danach hatte die alte Heimat eine starke Anziehungskraft: Seit 2006 arbeitet Julia Blust als Redakteurin am News-Desk des SÜDKURIER in Friedrichshafen. Mit ihrem Mann lebt sie in Friedrichshafen-Fischbach. Die „Geheimnisse der Heimat" waren auch eine gute Gelegenheit, die inzwischen nicht mehr ganz so neue Heimat noch besser kennenzulernen und eine schöne Ergänzung zur Arbeit bei der Tageszeitung.

01

Angelika Hirscher-Michel am Eingang zu
ihrem Blumenladen – links und rechts
wachen Atlas und Herkules über das Haus.

Atlas und Herkules

Zwei Bärtige tragen ein Haus

Gut 100 Jahre alt sind diese beiden Herren, genannt Atlas und Herkules. Sie bewachen den Eingang des Hauses an der Ecke Charlottenstraße/Katharinenstraße – eines der ältesten Gebäude der Stadt. Es stand hier schon, bevor die Canisiuskirche gegenüber und die Alte Feuerwache auf der anderen Seite der Charlottenstraße gebaut wurden.

Versteinert der Blick, ernst die Miene, stoisch die Haltung. Je einen Arm halten die Herren hinter dem Kopf angewinkelt, der andere ist hinter dem Rücken versteckt. Die Brust breit gereckt, der Blick richtet sich nach unten. Wer auch immer heute den Blumenladen von Angelika Hirscher-Michel betritt, geht zwischen Atlas und Herkules hindurch – denn die beiden steinernen Gesellen hängen links und rechts der Eingangstür.

„Das Haus hat mein Urgroßvater Johannes Bögle gebaut", erzählt Angelika Hirscher-Michel, die seit 1988 hier den Blumenladen führt. Sie übernahm das Geschäft von ihren Eltern Klara und Arthur Hirscher. Im Februar 1950 eröffnete Arthur Hirscher einen kleinen Blumenladen, der nach und nach größer wurde. „Blumen Hirscher" ist in der Stadt ebenso bekannt wie einst die Zimmerei Bögle, die der Urgroßvater betrieb. Das Haus ist in Familienbesitz, seit es gebaut wurde.

Doch wie kam der Urgroßvater darauf, die beiden Bärtigen an den Eingang setzen zu lassen? Sollten sie tatsächlich das Haus bewachen? Oder waren sie schlicht als Schmuck gedacht? Und wie kam er auf die eindeutig griechischen Namen Atlas und Herkules? Vermutlich hat die griechische Sage um Atlas, der als Strafe die Welt auf seinen Schultern tragen musste, tatsächlich mit der Namensfindung für die steinernen Figuren in Friedrichshafen zu tun. An diese Version der Geschichte erinnert sich eine Stammkundin. Atlas und Herkules, der in der griechischen Sage ja für seine enorme Stärke bekannt war, sollten das Haus durch alle Sturmzeiten hindurch tragen.

Blumen Hirscher an der Ecke Charlotten- und Katharinenstraße ist eines der ältesten Häuser Friedrichshafens.

Die Blicke der Passanten und Kunden sind den beiden Bärtigen jedenfalls sicher. „Immer mal wieder sagt einer: Die sehen aber nett aus!", berichtet Angelika Hirscher-Michel. Häufig beobachtet sie Menschen mit Kameras, die die Figuren für die Ewigkeit festhalten. Angelika Hirscher-Michel selbst kennt Atlas und Herkules, solange sie denken kann. Beobachtet haben die beiden in ihrer steinernen Ruhe auch die schlimmen Zerstörungen der Bombardements während des Zweiten Weltkriegs. Doch wie durch ein Wunder blieb das Areal rund um die damalige Zimmerei Bögle fast unberührt. Die Canisiuskirche, die Alte Feuerwache – alles blieb erhalten. Eine Brandbombe allerdings flog direkt ins frühere Wohnzimmer, den heutigen Verkaufsraum des Blumenladens, wie Angelika Hirscher-Michel erzählt. Sie zeigt die Brandspur auf dem Parkettboden, die noch gut zu sehen ist. „Die Bombe flog hier rein – man hat sie einfach wieder durchs Fenster rausgeworfen", sagt sie. Die schwarze verkohlte Stelle auf dem Holz erinnert heute noch an das große Glück, das die Familie hatte. Atlas und Herkules, die beiden Steinbrüder an der Eingangstür, haben über all die vielen Jahre einfach nur ihren Job erledigt und das Haus auch durch stürmische Zeiten hindurch sicher getragen.

Julia Blust

So geht's zu den zwei Bärtigen:

„Blumen Hirscher" befindet sich an der Ecke Charlottenstraße/Katharinenstraße vis-à-vis der Canisiuskirche.

02

Karl-Hermann Weidemann
mit einem seiner Lieblinge:
dem Grenzstein bei Riedern.

Grenzsteine
Strafen reichen bis ins Jenseits

Heute ruhen sie ganz im Verborgenen. Verdeckt von hohen Gräsern schlummern sie in Feldern, krummgefahren und kaum beachtet stehen sie am Wegrand. Ihre Bedeutung, die einst so groß war, ist lang schon

Die Inschrift am Grenz-
stein verweist auf das
Großherzogtum Baden.

Krummgefahren: der
Grenzstein bei Raderach.

in Vergessenheit geraten, ebenso wie das Bewusstsein dafür, was es mit diesen Steinen eigentlich auf sich hat. Wer genauer hinschaut, wird feststellen, dass sie eckig, also behauen, sind und dass die Initialen GB oder KW in sie eingehauen sind. Es handelt sich um alte Grenzsteine auf der einstigen Landesgrenze zwischen dem Großherzogtum Baden (GB) und dem Königreich Württemberg (KW). Der Heimatforscher Karl-Hermann Weidemann hat sie gesucht – und 105 Stück gefunden. Drei Jahre hat er dafür gebraucht, Jahre, in denen er, wie er erzählt, immer einen Spaten im Kofferraum hatte, um die Steine nötigenfalls auch freizulegen. 17 Kilometer lang sei die ehemalige Landesgrenze, die auf der Gemarkung Friedrichshafen von Fischbach bis ins Hepbacher Ried führt. „Schauen Sie sich mal das Zickzack an", sagt Karl-Hermann Weidemann und deutet auf die alte Grenze, die er in Rot auf einer Landkarte eingezeichnet hat. „Ich glaube, die haben ganz schön um jeden Meter gestritten, damals." Karl-Hermann Weidemann hofft immer noch, eines Tages weitere Grenzsteine zu finden. Derer gab es auf Häfler Gemarkung 223, 118 sind also noch unentdeckt. Im Moor versunken, gestohlen oder weggeschmissen, vermutet Weidemann.

Grenzsteinen kam über viele Jahrhunderte hinweg eine große Bedeutung zu. Sie galten gewissermaßen als einzige verbindliche Grenzsicherung. Und wehe dem, der glaubte, er könne sein Gebiet durch das Verrücken von Grenzsteinen so einfach erweitern! Zum einen dürften das die Angrenzer im Nachbarland bemerkt haben, spätestens bei der Grenzbegehung, die alle zwei Jahre stattfand und an der sowohl Vertreter von Baden als auch von Württemberg teilnahmen. Zum anderen galt das Verrücken von Grenzsteinen als Verbrechen und wurde bestraft. „Zum Schutz von Grenzsteinen trug nicht zuletzt auch die Drohung bei, dass Grenzstein-Verrücker im Jenseits keinen Frieden fänden, sondern weiter

So geht's zu den Grenzsteinen:

Einer der Grenzsteine steht auf der rechten Seite der Straße, die von der Klufterner Straße nach Riedern führt. Der Grenzstein ist weit in den Boden eingelassen und befindet sich auf Höhe des kleinen Baches.
Ein zweiter Grenzstein steht zwischen Raderach und Unterteuringen. Kurz nach Raderach geht es rechts in einen Feldweg hinein. Nach wenigen Metern findet sich der Stein auf der rechten Seite, am Anfang einer Obstplantage.

beim Stein umgehen müssten", schreibt das Landesdenkmalamt. Und wem nutzt schon eine Gebietserweiterung im Diesseits, wenn er dafür nach seinem Tode auf ewig an seiner Landesgrenze festsitzen muss?

Eva-Maria Bast

03

Walter Wolpold am Straßenschild „Schätzlesruh". Genau
gegenüber stand einst die
Bank, auf der sich Verliebte
ein Ruhepäuschen gönnten.

Schätzlesruh
Lauschiges Plätzchen für Verliebte

Ein unscheinbarer Weg führt zum Hof der Familie Wolpold, abzweigend von der Oberhofstraße oberhalb der Häuser im Stadtteil Oberhof. Früher war das einmal der „Feldweg 39", heute heißt das Weglein aber „Schätzlesruh". Doch wie kommt der Pfad zu diesem klangvollen Namen? Das Bürgerbuch Friedrichshafen liefert lediglich einen zarten Hinweis auf die Namensgebung: „Wohl mehr scherzhafter, nicht auf eine bestimmte Person abzielender Name. Dieser war um die Zeit des ersten Weltkrieges für die jetzige Montafonstraße vorgesehen, wurde aber zugunsten von ‚Panoramastraße' fallengelassen." Walter Wolpold, dessen Familie seit 1896 den hiesigen Bauernhof samt Land besitzt, kennt als einer der wenigen noch die Geschichte, wie es zu diesem Namen kam – hier sind weder Willkür noch Zufall im Spiel, sondern sowohl das „Schätzle" als auch die „Ruh'" – wie sollte es anders sein.

Doch von Anfang an: „Der Begriff ‚Schätzlesruh' war im Volksmund schon etabliert, bevor der Weg offiziell so genannt wurde", erzählt Walter Wolpold. Der Vorbesitzer des Hofs, den Wolpolds Großvater 1896 erwarb, war Bauer Oberle. Und jener Bauer Oberle hatte sich ein Ruhebänkle gebaut – an der Ecke zur heutigen Oberhofstraße. Um einen kleinen Baum herum, der Schatten spendete, zimmerte der Landwirt das kommode Sitzmöbel. Dort machte er dann und wann ein Päuschen oder ließ sich zum Vespern nieder. Soviel also zum Thema „Ruh'". Und wo bleibt das „Schätzle"? Das folgt auf dem Fuße: „Nachdem sich dort abends dann immer wieder Liebespaare eingefunden haben", erzählt Walter Wolpold, „machte Oberle ein kleines Schild und schrieb ‚Schätzlesruh' darauf." Dieses Schild befestigte er am Baumstamm über

> **So geht's zur Schätzlesruh:**
>
> Der Weg „Schätzlesruh" findet sich im Stadtteil Oberhof, abzweigend von der Oberhofstraße.

dem Bänkle. Damit war der Begriff schnell in aller Munde – treffender hätte der Name für das Fleckchen Erde auch kaum sein können, denn hier hatten die Schätzle eben ihre Ruh'. Auf dem Bänkle ließ es sich sicher trefflich verliebt sein, war drum herum doch damals kaum etwas außer der Villa Eckener an der Hochstraße und der Villa Maybach an der Zeppelinstraße. Der Blick richtete sich über die Baumwipfel auf den See und die Berge, damals lag dieses Ecklein noch fernab von der Stadt. Kein Wunder also, dass sich all die Schätzle diesen Ort für lauschige Stunden in trauter Zweisamkeit aussuchten.

Bis der Weg dann auch offiziell den Namen „Schätzlesruh" erhielt, sollte es aber noch einige Jahre dauern. 1952 – nach dem Zweiten Weltkrieg mit seinen schrecklichen Zerstörungen in Friedrichshafen (siehe Geheimnisse 4 und 38) – musste die Familie Wolpold neu bauen. Und die Bezeichnung „Feldweg 39" sollte auch nicht mehr ausreichen, schließlich galt es, eine richtige Adresse für die Post anzugeben. Walter Wolpolds Schwester hatte auf der Alb einmal eine Straße namens „Zum Paulinenhof" gesehen, wie er berichtet. Davon inspiriert schlug der Familienrat vor, den Weg zum Hof „Zum Herminenhof" zu nennen – nach Walter Wolpolds Mutter. Die Stadt aber habe sich damals für den Namen „Schätzlesruh" ausgesprochen, weil er im Volksmund eben so etabliert gewesen sei. Die Stadt teilte dem Wolpold-Hof dann die Hausnummer 50 zu. Bis heute hat er diese Adresse – die Wolpolds sind allerdings die einzigen Anwohner mit Anschrift „Schätzlesruh" geblieben. „Vielleicht dachten die Stadtoberen damals, auf dem Platz hier 50 Häuser bauen zu können", sagt Walter Wolpold und in seinem scherzhaften Tonfall liegt mehr als nur ein Funken Ernsthaftigkeit.

Das originale „Schätzlesruh"-Bänkle steht natürlich längst nicht mehr. Was damit passierte, weiß Walter Wolpold nicht ganz genau. Möglicherweise, vermutet er, wurden das Bäumchen und die Bank von Soldaten während des Kriegs gefällt und abgebaut. „Hier oben war ja eine Flakstellung", erzählt er. Heute ist die „Schätzlesruh" bei vielen Häflern eine bekannte Adresse, liegt hier doch der Hofladen der Wolpolds. Walter Wolpold betont, dass es heute mehr eine „Schätzlesunruhe" ist. An das Bänkle am Baum kann er sich, im Gegensatz zu vielen anderen Häflern, noch gut erinnern. Und an ruhigere Zeiten hier oben auf der Anhöhe auch.

Julia Blust

Erinnerungsstätte für
tragische Schicksale.

Kapelle
„...und als der letzte Schuss fiel ..."

Es geschah am 3. August 1944. Das war ein Donnerstag. Walter Hauffe, 16 Jahre alt und Schüler der Graf-Zeppelin-Oberschule, hatte eigentlich frei. Nicht schulfrei, sondern flakhelferfrei. Wie unzählige Buben im ganzen Reich war auch er eingesetzt, die feindlichen Bomben abzuwehren. Doch dann begannen die Angriffe. Walter Hauffe dachte an seine Freunde, die nun an der Flugabwehrkanone, kurz Flak, im Stadtteil Schnetzenhausen ohne ihn die feindlichen Kampfflugzeuge abwehren müssten. Sein Entschluss war rasch gefasst. „Ich muss zu meinen Kameraden", sagte er zu seiner Mama und schwang sich aufs Fahrrad. „Das waren die letzten Worte, die er zu seiner Mutter sprach", erzählt die Ur-Häflerin Maria Neher, die nur zwei Jahre vor Walter Hauffe geboren wurde, traurig. Denn der junge Mann fuhr direkt in einen schweren Angriff hinein. Es war später Vormittag. Walter Hauffe ließ sein Leben im Kugelhagel – wie 22 andere Schüler, fünf Soldaten und elf Bürger von Schnetzenhausen. Einige überlebten, unter ihnen Josef B. Keßler, der die Ereignisse vom 3. August 1944 später akribisch aufgearbeitet hat: „Ich war noch nicht sechzehn. Bediente als Flakhelfer die Zünderstellmaschine unseres 8,8 cm Geschützes. Die Angst zeigte ich nicht. Aber nachts, im Schlaf, kam es vor, daß ich zusammenzuckte, volle Deckung schrie und aus der Falle rollte. Bub, wo fehlt's, fragte meine Mutter

So geht's zur Kapelle:

Die Kapelle steht in der Windhager Straße in Schnetzenhausen. Von der Manzeller Straße aus kommend liegt sie rechter Hand, wenige Meter nach der Abzweigung in die Fährtwiesenstraße.

Theresia noch lange danach. Nichts ist, sagte ich (...)".

Auch Edgar Maag hat überlebt und jene grauenhaften Stunden schriftlich festgehalten. „Wir setzen die Stahlhelme auf und binden den Helm fester. Schnell wird noch Watte in die Ohren gestopft. Alles ist bereit. Man ist aufgeregt in Erwartung des Kommenden. Oben brummen schon unverschämt die Amerikaner. Endlich das Kommando: scharfer Zielflug. Höhe, Werte, melde ich automatisch. (...) Krachend verlässt der erste Schuss das Rohr. Schlag auf Schlag folgen die Kommandos (...) Plötzlich pfeifen die Bomben. Es kracht, der Wall und das Geschütz wackeln." Die Männer, ach was, die Schulbuben am Boden gehen in Deckung. Und Edgar Maag denkt: „Jetzt stirbst Du den Heldentod." Er verspürt „eine nicht auszudrückende Angst". Als das Krachen vorbei ist, ist „zunächst (...) ringsum Nacht". Eine dicke Staubwolke verbirgt das grauenhafte Bild. Noch. Doch dann sinkt der gnädige Staub zur Erde und das Bild des Schreckens wird in seiner ganzen Grausamkeit sichtbar. Gnadenlos. Maag schreibt: „Ächzende und stöhnende Gestalten lagen zwischen den Geschützholmen. Ein unerträglicher Geruch von Pulverdampf und Blut lag über allem. Ogfr. Martin und ich trugen LwOH Kühlwein aus dem Wall heraus, legten ihn in einen Graben und betreuten ihn. Aus irren Augen schaute er uns an und stöhnte andauernd. (...) Einige hatte es herausgeschleudert und lagen mit wunderlich verdrehten Gliedern da. (...) Ein Mann lag auf einem Geschützholm mit staubigem, verfallenem Gesicht. Das lederne Schweißband seines Stahlhelmes war noch am Kopf, den Stahlhelm hatte der Luftdruck weggerissen."

Die gefallenen Buben ließen verzweifelte Eltern zurück. Schwer vorstellbar, dass der Brief, den die beiden Batterieführer an die verwaisten Väter und Mütter noch am selben Tag schrieben, ein Trost war. Darin wird den Hinterbliebenen bescheinigt, dass „Ihr lieber Sohn starb (...), damit Deutschland lebe". Walter Hauffes Mutter jedenfalls habe den Tod ihres Sohnes nie verwunden, erzählt Maria Neher. „Ich habe sie gekannt und sie hat mir das erzählt." Auch die Deutschlehrerin der Buben, Mathilde Zeller, behielt die Erinnerung an Walter Hauffe und seine Kameraden tief in ihrem Herzen. Von Hauffe schreibt sie, dass er „begabt und fleißig, ein guter Kamerad" gewesen sei. Mathilde Zeller las mit den Buben Goethes „Faust". Und wenn sie, wegen des nächtlichen Dienstes übermüdet, den Kopf auf den Tisch legten und einschliefen, schimpfte die Lehrerin nicht. „Ich ließ sie schlafen, die armen Jungen, die immer vom Tod bedroht waren." Und die ihn schließlich auch fanden.

Josef B. Keßler erinnert daran, dass die im Bereich der Flakgruppe Friedrichshafen eingesetzten immerhin insgesamt 700 Flakhelfer nur ein Bruchteil jener 200.000 Jungen der Jahrgänge 1926 bis 1929 waren, die sich von Februar 1943 bis Mai 1945 bei der deutschen Flakartillerie im Einsatz befanden. „Eine namenlose Armee von Jugendlichen (...) verteidigte auf dem Höhepunkt des Zweiten Weltkrieges das Reichsgebiet gegen die angreifenden Bombengeschwader." Nach Gesetz, schreibt Keßler, seien die Schüler keine Soldaten gewesen, über ihre Verluste gebe es keine offiziellen Unterlagen. „Die Namen derjenigen, die in den Bombenteppichen starben, wurden einfach aus den Klassenbüchern gestrichen." Das „bittere Ende im Mai 1945, den totalen Zusammenbruch des Reiches, empfanden wir Jungen weit stärker als die älteren Soldaten. Fassungslos, zutiefst demoralisiert und erschüttert bis in die Seele hinein standen wir da. Wir bezeichneten uns als die Verführten und Betrogenen. Und als der letzte Schuss fiel, waren wir schon vergessen."

Aber einander haben sie nicht vergessen. Immer noch kehren die Überlebenden alljährlich an den Ort des Schreckens zurück. Sie legen Blumen nieder und „denken an unsere Schulfreunde, die keine Helden waren, sondern Buben, die leben wollten."

1984 haben sie einen Gedenkstein für ihre Kameraden errichtet, dort, wo sie den Tod fanden. Kameraden, die übrigens nicht nur aus Friedrichshafen kamen, sondern auch aus Aalen, Ellwangen, Ebingen und Ravensburg.

Inzwischen steht hier eine von einem großzügigen Stifter errichtete Kapelle. Die Tafel des Gedenksteins ist in die Außenwand eingelassen. Und auch das Bronzebildnis vom „Guten Hirten". Das nämlich war Teil eines Wegkreuzes, das den Angriff überstand, der 39 Menschen das Leben kostete.

Eva-Maria Bast

05

Jürgen Bleibler vor dem „Lammgarten" an der Uferstraße, der auch von der Friedrichstraße aus zugänglich ist. Hier befand sich früher der Garten des Hotels „Lamm". Von dort starteten die Rundflüge der Flugzeugbau Friedrichshafen (FF).

Lammgarten
Hochbefriedigte Rundflieger

Touristische Rundflüge am Bodensee sind heute für jeden, der das nötige Kleingeld besitzt, machbar. Doch vor fast 100 Jahren war so ein Rundflug ein echtes Novum. Am 16. Mai des Jahres 1914 – kurze Zeit vor Ausbruch des Ersten Weltkriegs also – schreibt das Seeblatt: „Der Flugzeugbau Friedrichshafen bringt nun die schon seit längerer Zeit vorgesehenen Rundflüge zur Ausführung. Die Flüge finden mit sofortiger Wirkung je Sonntag, Mittwoch und Samstag nachmittags von 2–3 Uhr bei günstiger Witterung statt."

Der Name Theodor Kober (1865–1930) und Flugzeugbau Friedrichshafen (FF) sind heute längst Legende – 2012 begeht das Zeppelin-Museum mit einer großen Ausstellung namens „Hochseetauglich – Theodor Kober & 100 Jahre Wasserflug am Bodensee" den runden Geburtstag der Firma, die 1912 gegründet wurde. Ingenieur Kober, 1892 bis 1894 Ingenieur bei Graf Zeppelin, hatte sich damals mit der Flugzeugbau Friedrichshafen GmbH selbstständig gemacht und war in die Manzeller Luftschiffhalle gezogen, die ihm Graf Zeppelin kostenlos zur Verfügung stellte. Dort begann 1912 der Bau von Wasserflugzeugen. Am 16. Juni 1912 startete das erste Wasserflugzeug vom Bodensee: eine amerikanische Curtiss A-1 Triad, die Kober als Grundlage für eigene Entwicklungen gekauft hatte (siehe Geheimnis 32). Einen Tag später gründete Kober die Flugzeugbau Friedrichshafen GmbH. 1913 eröffnete er am Bodensee eine Wasserflugschule.

Dass schon zwei Jahre später Rundflüge zu rein touristischen Zwecken angeboten wurden, war bisher auch für Jürgen Bleibler neu. Er ist Leiter der Zeppelin-Abteilung im Zeppelin-Museum und ausgewiesener Experte in

> **So geht's zum Lammgarten:**
>
> Das Restaurant „Lammgarten" liegt an der Uferstraße 27.

Sachen Fliegerei. „Den Hinweis darauf haben wir erst jetzt gefunden", sagt er. „Mit der Flugzeug-Fluggeschichte in der Bodenseeregion vor dem Ersten Weltkrieg hat sich noch niemand eingehend beschäftigt." Umso überraschender der Fund des kleinen Zeitungsschnipsels mit eindeutigem Hinweis auf touristische Flüge. Einstiegsstelle war der Garten des Hotels „Lamm" an der Uferstraße. Das Hotel gibt es nicht mehr – es stand damals an Stelle des heutigen Postgebäudes an der Friedrichstraße und befand sich unter derselben Leitung wie das legendäre Kurgarten-Hotel direkt um die Ecke. Das heutige Restaurant „Lammgarten" in den Uferanlagen hat seinen Namen vom Hotel „Lamm" bekommen: Der Gastronomiebetrieb befindet sich eben an jeder Stelle, an der sich der Garten des Hotels erstreckte. Und genau vor diesem Garten trafen sich die Fluggäste damals, 1914. „Die Passagiere werden von hier mittelst Bootes auf ein in der Nähe des Ufers verankertes großes Floß verbracht, von wo aus dann der Einstieg in das Flugzeug erfolgt", heißt es im Seeblatt weiter. „Fahrscheine zum Preise von Mk.50.– für eine Fahrt sind zu erhalten im Stadtbahnhof-Restaurant: Sie können auch von jedem Hotel aus bestellt werden."

Kober und seine Flugzeugbau Friedrichshafen GmbH sind damit deutlich früher dran als ein weiterer Flugpionier, der in Friedrichshafen zugange war: Claude Dornier. „Dornier begann im November 1911 bei Graf Zeppelin als Versuchsingenieur und stellte zuerst grundlegende Untersuchungen zur Biege- und Knickfestigkeit von Metallprofilen an", erläutert Bleibler. 1913 entstand Dorniers Abteilung „Do", die 1914 von Graf Zeppelin mit dem Bau von Riesenflugbooten aus Metall beauftragt wurde. „Der Erstflug der RS.II war am 30. Juni 1916. Sie war das erste Dornier-Flugzeug, das flog", sagt der Experte. Der weitgehend vergessene Kober war demnach noch vor dem berühmten Dornier an der Reihe, der wiederum aber mit seinen Riesenflugzeugen die komplexere Aufgabe hatte.

Schon zwei Jahre vor Dorniers Premiere also konnten Häfler und Gäste mit Kobers Flugzeugen abheben. Das Seeblatt versuchte etwaige Bedenken in punkto Sicherheit schon im Vorfeld auszuräumen: „Die Fahrten erfolgen durch einen geprüften und äußerst bewährten Piloten, dessen bisherige Tätigkeit Gewähr bietet für ein gutes Gelingen der Flüge." Schließlich steckte die Fliegerei damals noch in den Kinderschuhen. Dass die Rundflüge von der Häfler Uferstraße aus die 50 Mark wert sind, auch dafür steht der kleine Zeitungstext ein: „Verschiedene Personen nahmen bereits an den Passagierfahrten teil und waren davon hochbefriedigt." Sehr viele dieser touristischen Rundflühe wird es freilich nicht gegeben haben, denn ab 1. August befand sich das Deutsche Reich im Kriegszustand. Ausgehend vom 16. Mai, dem Tag, an dem der kleine Werbetext im Seeblatt erschien, rechnet Jürgen Bleibler: „Wenn der Mai vielleicht verregnet war und der Juni vielleicht auch – wer weiß, wie viele Flüge da tatsächlich stattfanden." Denn Aufzeichnungen oder Flugbücher gibt es nicht. Womöglich taucht aber irgendwann noch ein Hinweis auf.

Die Gäste im „Lammgarten" jedenfalls können heute nur noch davon träumen, von hier aus direkt „mittelst Boot auf ein Floß verbracht" zu werden und dann mit einem FF-Flugzeug abzuheben – auf eine „hochbefriedigende" Reise durch die Lüfte über Friedrichshafen.

Julia Blust

27

06

Der Trafoturm in der Schmitthenner-Siedlung.

Trafoturm
„Selten gewordenes Exemplar"

Wer durch die Schmitthenner-Siedlung spaziert, kommt an der Ecke Mörikestraße/Ludwig-Bauer-Straße ins Grübeln. Dort steht nämlich ein wunderschöner hoher, weißer Rundturm mit einem gefächerten Zeltdach. Was aber hat er für eine Funktion? Zwar weist ein Schild mit rotem Blitz auf gelbem Grund darauf hin, dass es sich um einen Trafoturm handelt, aber immer, denkt der geneigte Betrachter, kann das Gebäude keine Transformatorenstation beheimatet haben. Wirkt der Turm mit seinen Fensterchen neben – und dem Rundbogen über – der Tür doch wie eine Andachtsstätte. Aber: Kapellen oder Gedenkstätten befinden sich ja eher selten in einem Turm? Und auch die zwölf schießscharten-ähnlichen Fenster, die in Dreiergruppen direkt unter dem Dach angeordnet sind, geben Rätsel auf.

Hermann Stahl, geschichtskundiger Bewohner der Schmitthenner-Siedlung, weiß das Geheimnis um den Turm zu lüften: „Es hat sich dabei wirklich schon immer um einen Trafoturm gehandelt", erzählt er. „Es war damals Wunsch des Heimatschutzes, dass er sich in die Umgebung einpasst. Und es ging darum, Baukunst und Funktionalität zu verbinden." Der Turm wurde im Jahre 1922 errichtet, das Landesdenkmalamt stellte ihn 1998 unter Denkmalschutz. In der Liste der Kulturdenkmale ist zu lesen: „Der Transformatorenturm stellt ein augenfälliges Zeugnis der Technikgeschichte dar und belegt die Entwicklung der Stromversorgung." Seine Erbauung, so das Landesdenkmalamt, sei im Rahmen der Elektrifizierung der Außenbereiche Friedrichshafens erfolgt. Auch das Zeppelindorf, das in den Jahren 1915–1918 gebaut wurde, wurde durch den Turm versorgt. In der Kernstadt erfreute man sich schon 1892 an Elektrizität: Nur elf Jahre nach der „Ersten Internationalen Elektrizitätsausstellung" in Paris leuchteten in Friedrichshafen als erster Stadt am Bodensee elektrische Lampen. Am 9. April 1892 soll es eine Beleuchtungsprobe der elektrischen Anlagen am Hafen gegeben haben. „Bereits ein Jahr später wurden dann die Gebäude der königlichen Eisenbahn-

Hermann Stahl vor dem
Eingang des Trafoturms.

und Postverwaltung sowie des königlichen Hauptzollamts elektrisch beleuchtet", ist im Einwohnerbuch von 1971 zu lesen. Das Königliche Schloss schließlich sei um die Jahrhundertwende mit Strom versorgt worden.

Im Januar 1907 ging das Städtische Elektrizitätswerk an der Charlottenstraße in Betrieb, 1914 schloss man das Elektrizitätswerk Friedrichshafen an den Zweckverband „Oberschwäbische Elektrizitätswerke" (OEW) an. „Während des Ersten Weltkriegs wurde für den Flughafen und die weiter anwachsende Industrie eine Versorgung mit Wechselstrom aus dem Überlandnetz der OEW erforderlich", steht im Einwohnerbuch. Zur Übernahme und Großverteilung des von den OEW gelieferten Wechselstroms habe 1928 die Übernahmestation Paulinenstraße errichtet und dem Umformerwerk in der Bismarckstraße eine weitere Schaltstation angegliedert werden müssen.

Der kleine Trafoturm in der Schmitthenner-Siedlung hat ebenfalls viele Veränderungen durchgemacht. Heute führen keine Hochspannungsleitungen mehr in das „selten gewordene Exemplar seiner Erbauungszeit", wie das Landesdenkmalamt ihn nennt. Die Stromleitungen laufen jetzt unterirdisch. Früher aber, und das ist auch die Erklärung für die kleinen Fensterchen unter dem Dachansatz, führten durch die schießschartenartigen Öffnungen Stromleitungen aus dem

So geht's zum Trafoturm:

Der Trafoturm steht an der Ecke Mörikestraße/Ludwig-Baur-Straße.

Turm heraus in alle Himmelsrichtungen. Damals stand das Gebäude gewissermaßen noch weitgehend auf freiem Feld: „Ringsum gab es nur eine Gärtnerei und Obstgärten", erzählt Stahl. „Denn die Schmitthenner-Siedlung, die den Turm heute umgibt, wurde erst in den Jahren 1935 bis 1937 gebaut."

Hermann Stahl hat den Turm richtig lieb gewonnen und sich auch dafür stark gemacht, dass er vor zwei Jahren von den Technischen Werken Friedrichshafen saniert wurde. Stolz sagt er: „Das ist doch wirklich ein wunderschönes Gebäude und ein bedeutendes Stück Geschichte, das wir da vor der Haustüre haben."

Eva-Maria Bast

07

Peter Hüni, seit 1986 Geschäftsführer des
Unternehmens, vor dem Firmengebäude.

Hüni + Co.
Kostenloses Wasser von der Stadt

Der Schriftzug „Hüni u. Co." ist nicht ganz so alt wie die Firma selbst – die hat nämlich satte 153 Jahre auf dem Buckel. Trotzdem haben die metallenen Lettern am hohen Gebäude, das 1928 auf dem Gelände des Unternehmens an der Eckenerstraße gebaut wurde, bewegte Zeiten mitgemacht. Doch einen bestimmten Vorgang, besiegelt am 13. März des Jahres 1889, haben auch diese Buchstaben nicht bezeugt. Damals saßen Stadtschultheiß Schmid und Eduard Hüni-Beder, Neffe des Firmengründers Heinrich, irgendwo an einem Tisch – und setzen einen Vertrag auf, der heute noch Bestand hat. Inhalt: Die Firma Hüni verpflichtete sich, zum Bau einer „Quellwasserleitung" 50.000 Mark beizusteuern – ein Drittel der dafür notwendigen Gesamtsumme. Unter Paragraf 1 des Vertrags steht geschrieben: „Die Stadtgemeinde erstellt eine Quellwasserleitung durch Fassung der (...) Quellen in der Parzelle Gartenvorstadt bei Jettenhausen und Ableitung des Quellwassers nach Friedrichshafen nach Maßgabe der von dem Staatstechniker für das öffentliche Wasserversorgungswesen gefertigten Pläne und Überschläge." So weit also das Vorhaben, eine Leitung zu bauen. Der entscheidende Passus folgt: „Als Gegenleistung gegen diesen Baukostenbeitrag übernimmt die Stadtgemeinde Friedrichshafen für ewige Zeiten die Verpflichtung", steht im Vertrag geschrieben, „aus der (...) Wasserleitung dem Besitztum der Firma Hüni + Cie ein tägliches Wasserquantum von 300 Cubicmeter zu liefern." Das bedeutet bis zum heutigen Tage: Die Wasserrechnung der Firma begleicht die Stadt. Und Heinrich Hüni, der Firmengründer, sorgte mit seiner großzügigen Gewährung von 50.000 Mark – eine riesige Summe für damalige Verhältnisse – mit dafür, dass die Häfler frisches Wasser bekamen.

> **So geht's zu Hüni + Co.:**
>
> Das Firmengelände liegt an der Eckenerstraße 65 nahe des Bodenseeufers.

Peter Hüni, seit 1986 Geschäftsführer des Unternehmens, schmunzelt, wenn er den alten Vertrag in Händen hält. Er betont, dass darin nur vom Frischwasser und eben nicht vom Abwasser die Rede ist. „Das hätten die auch reinschreiben sollen", sagt er lachend – und wie ernst er das meint, soll an dieser Stelle offen gelassen werden. Vor Jahren hat er das Original – die Schrift von 1889 ist für uns heute schwer lesbar – von einem Experten übersetzen lassen. „Wir wussten immer, es gibt diesen Vertrag – aber keiner konnte ihn lesen", erklärt Hüni.

Für einen Lederproduzenten war besagter Vertrag von unschätzbarem Wert – denn das reichliche Wasser war schließlich ein Grund gewesen, warum Heinrich Hüni, Peter Hünis Ur-Urgroßvater, geboren 1819 im schweizerischen Horgen, nach Friedrichshafen gekommen war, um dort seine Firma auf die Beine zustellen. Gerbereien standen immer nahe am Wasser. Der Standort an der Eckenerstraße – sogar noch zwischen zwei Bächen, die in den See münden, und nur wenige Schritte vom Bodensee-Ufer entfernt – war also perfekt.

Vor langer Zeit schon, unter der Ägide von Peters Vater Otto P.W. Hüni, hatte das 1859 von Heinrich Hüni gegründete Unternehmen der Lederproduktion abgeschworen, weil sie nicht mehr rentabel war. Heute steht der Name Hüni für Beschichtungen mit organischen Kunststoffen.

Von jeher gehörte die Familie Hüni zu den Pionieren Friedrichshafens. Hier stand auch eines der ersten Telefone der Stadt – das allererste befand sich am Hafenbahnhof, die nächsten sieben dann bei Hüni, beim Seeblattverlag, dem Weinhändler Noerpel, der Spedition Noerpel, bei Kaufmann Heinzmann, Mehlhändler Lutz und im Türkischen Bad.

Im Zweiten Weltkrieg (1939–1945) fand die damals schon sehr lange Firmengeschichte beinahe ihr Ende. Die Kommission der Wehrinspektion hätte nach einem der vielen Fliegerangriffe um ein Haar fatale Folgen für Hüni + Co. gehabt. „Trotzdem arbeiten wir fleißig weiter", schreibt Otto P.W. Hüni in seinen Aufzeichnungen. Die Inspektion wollte die stark eingeschränkte Produktion schlicht der Konkurrenz in Backnang zuschlagen! Die Stilllegung, schreibt Hüni später, fand im März/April 1944 „nun selbst ihr Ende". Otto P.W. Hüni gehörte dann ein Jahr später, 1945, auch zur Gruppe von mutigen Häfler Bürgern, die den einrückenden Franzosen entgegenging und die Stadtübergabe einleitete – Friedrichshafen ergab sich ohne weitere Kämpfe (siehe Geheimnis 26). Die Villa auf dem Firmengelände, 1861 erstellt, und das mittlere Gebäude mit dem Turm von 1928 – an dem der metallene Schriftzug hängt – wurden im Krieg kaum beschädigt und blieben erhalten. „Alles andere war weg", sagt Peter Hüni.

Der Wasser-Vertrag hat heute längst nicht mehr die einstige Bedeutung für die Firma – die verbrauchten Mengen sind ganz andere als zur Gerber-Zeit. „Irgendwann mal kam der Geschäftsführer der Technischen Werke und meinte, das seien doch ,so alte Verträge'. Ich habe dann aber gesagt: ,Nein, lassen Sie das mal ruhig so stehen'", erinnert sich Hüni. Und so kommt es, dass die Stadt Friedrichshafen über den „Umweg" TWF die Wasserrechnung von Hüni + Co. bezahlt. Ob Peter Hüni jedes Mal, wenn er sich die Hände wäscht, an seinen Ur-Urgroßvater Heinrich denkt, das darf sich jeder selbst ausmalen. Doch die 50.000 Mark, die die Firma 1889 investierte, haben sich über all die Jahre sicher bezahlt gemacht.

Julia Blust

35

08

Die Glocke in der
Paul-Gerhardt-
Gemeinde.

Schiffsglocke

Schönes Geläut auf dem See und an Land

Einst erklang ihr Lied nicht an Land, sondern mitten auf dem Bodensee: Die kleine Glocke, die eine Wand im Eingangsbereich der Paul-Gerhardt-Gemeindekirche ziert, trägt ein spannendes Geheimnis in sich. Sie wurde nämlich um 1900 nicht für eine Kirche, sondern für das 1901 erbaute Schaufelraddampfschiff „König Wilhelm", das letzte Schiff der bekannten Königsschifflinie, gegossen. Wie der Chronist der Bodensee-Schiffsbetriebe, Karl Fritz, zu berichten weiß, trug die „König Wilhelm" bis zu 600 Personen über den See – und zwar sowohl im Obersee-Längsverkehr zwischen Friedrichshafen und Bregenz als auch auf der damals noch bestehenden Strecke Friedrichshafen-Langenargen-Rorschach.

Bis 1938 dampfte die „König Wilhelm" über den Bodensee, danach ging die Schiffsglocke in die Hände gläubiger Bewohner des Zeppelindorfes über. Und die wussten das Klanginstrument einer würdigen Folgenutzung zuzuführen, als sie die Glocke 1947 auf einem Dachreiter des frisch erbauten Kirchleins im Zeppelindorf aufhängten. „Die Glocke wurde per Hand schwingend geläutet", berichtet der angehende Glockensachverständige Karl Reinhard Krüger. Da die Schlosskirche schwer beschädigt war (siehe

Geheimnis 37), sei die Schiffsglocke jahrelang die einzige „evangelische" Glocke gewesen, die in Friedrichshafen zum Gottesdienst läuten konnte, erzählt Krüger. Zu der ehemaligen Schiffsglocke hat der Organist in der Paul-Gerhardt-Gemeinde eine innige Beziehung entwickelt und das Klanginstrument ausgiebig untersucht. „Es heißt zwar, die Glocke erklinge in Fis, tatsächlich aber ist es eher ein Dis oder ein Es." Der Ton, den man beim Anschlagen hören kann, sei der so genannte „Nominal", der sich nur im Gehör bildet, erklärt Krüger. „Insgesamt besteht dieser Glockenton aus mindestens fünf Tönen, die sich im Gehör zu eben jenem Schlagton vermischen." Die ehemalige Schiffsglocke habe eine ganz besondere und etwas ungleichmäßige Eigenharmonie, was

Der Glockensachveständige Karl Reinhard Krüger hat sich ausführlich mit dem Klanginstrument beschäftigt.

So geht's zur Schiffsglocke:

Die Paul-Gerhardt-Kirche befindet sich im Kenzelweg 2. Die Glocke hängt im Eingangsbereich der Kirche.

entweder daran liege, dass man für eine Schiffsglocke den signaltonhaften Klang wünschte, oder daran, dass einige Stellen am Glockenkörper nachbearbeitet wurden. „Offensichtlich war die Form beim Guss etwas instabil", erzählt der Organist. „Insgesamt ist die Glocke handwerklich aber sehr gut gestaltet. Im Gegensatz zu den üblichen blankpolierten Messingglocken ist unsere Glocke im traditionellen Lehmmantelverfahren in Bronze gegossen, was sich zusätzlich positiv auf den Klang auswirkt."

Wenn sich die Glocke auch bereits an Land befand: Bis zum Ausbruch des Zweiten Weltkriegs lag der Rumpf der „König Wilhelm" noch an der Außenmole in Friedrichshafen, dann wurden auch diese Schiffsreste verschrottet. Und so ist die Glocke in der Paul-Gerhardt-Gemeinde das einzige Relikt, das noch an dieses großartige Schiff erinnert.

Eva-Maria Bast

St. Laurentius hat hier seine „Spuren" hinterlassen: Die Einkerbung im Stein vor der Kapelle sieht aus wie der Abdruck eines linken Fußes.

Fußstapfen

Von Wallfahrten und Wundern

Eine unscheinbare kleine Kapelle, ein seltsam geformter Felsblock, die Hoffnung auf Heilung und ein römischer Märtyrer: Das sind die Zutaten für eine Geschichte, die sich im Klufterner Weiler Lipbach kurz vor der Gemarkungsgrenze zu Markdorf abgespielt haben soll. „Das Leben der Alten war reich an Sitten und Bräuchen, die dem eintönig scheinenden Dasein Form, Inhalt, Melodie verleihen. Dagegen ist der Ort sagenarm", steht in der Klufterner Ortschronik zu lesen. Doch eine Sage gibt es – und die rankt sich um die St.-Laurentius-Kapelle in Lipbach. Eigentlich fällt die kleine Kapelle an der Ortsdurchfahrt kaum auf. Auf einer kleinen Anhöhe an der Straße scheint das winzige Kirchlein am Lorenzweg in sich zu ruhen, an warmen Tagen spenden prächtige Bäume Schatten. Nur noch selten wird die Kapelle genutzt: Jeden ersten Sonntag im Monat wird sie zum Rosenkranz-Beten und gelegentlich für besondere Anlässe wie Taufen geöffnet. Und doch ist das ein ganz besonderer Ort.

„Die St.-Laurentius-Kapelle zählt zu den ältesten Kirchenbauten im Boden-seekreis", weiß Bernd Caesar vom Arbeitskreis Heimatgeschichte Kluftern, der sich eingehend mit der Geschichte des Gotteshauses beschäftigt hat. Die Kapelle ist weit mehr als 1000 Jahre alt. Ihre Benennung kam so zustande: „St. Laurentius wurde der Legende nach als christlicher Märty-rer am 10. August des Jahres 258 in Rom auf einem glühenden Rost verbrannt", schreiben Luise Marcinkowski und Bernd Caesar in einer Bro-schüre zum Tag des offenen Denkmals 1996. Viele hundert Jahre später, im Jahr 955, besiegten christliche Heere die Ungarn auf dem Lechfeld bei Augsburg – ebenfalls am 10. August. Jener bedeutende Sieg am Tag des heiligen Laurentius ging in die Geschichte ein – und so wurden in den Jahren danach viele Kirchen und Kapellen diesem Heiligen geweiht, unter anderem auch die Lipbacher Kapelle.

Seine „Spuren" hinterlassen hat St. Laurentius aber noch in ganz anderer Hinsicht: An der Flanke des Gebäudes findet sich ein mit-telgroßer, zunächst nicht sonder-lich aufregend aussehender Stein, der einige Vertiefungen aufweist. Bei genauerem Hinsehen entpuppt sich der Stein als Stück eines Fel-sens, das aus dem Boden ragt. Eine der Einkerbungen ist geformt wie der Fuß eines Mannes – genauer gesagt, der Abdruck des linken Fußes. „Dieser Abdruck stammt der Sage nach von einem Glau-bensboten, der zur Verkündung des Evangeliums den Stein bestieg", erklärt Caesar.

Bernd Caesar zeigt den Fußabdruck im Stein.

Noch bis 1860 gab es hier zum Fest des St. Laurentius Wallfahrten, zu denen Menschen aus der ganzen Umgebung kamen, wie ein Pfarrer aus dem Ort um 1900 schreibt.

**So geht's zur
St.-Laurentius-Kapelle:**

Die Kapelle liegt an der Ortsdurchfahrt Lipbach, linker
Hand in Fahrtrichtung Markdorf, am Lorenzweg 4.

Mütter setzten ihre Kinder, die das Gehen nicht lernen wollten, auf den Felsen, den „Fußstapfen des heiligen Laurentius", damit sie von ihrem Gebrechen geheilt würden, steht weiter in der Broschüre zum Tag des offenen Denkmals.

Bernd Caesar erinnert an einen belegbaren Versuch, die wundersame Wirkung des Steins zu nutzen: „Eine Familie aus der Nachbarschaft der Kapelle brachte um 1920 ihr behindertes Kind hierher." Und was passierte? Nichts. „Vielleicht gibt es eine gewisse Menge an Wunderwirkung bei so einem Stein, die irgendwann aufgebraucht ist", versucht Caesar eine Erklärung. Das könnte im Falle des Mädchens eingetreten sein – sie blieb ihr Leben lang gelähmt.

Der Heilige selbst hat übrigens eine recht universelle Aufgabenzusammenstellung: Er ist laut der „Freien katholischen Enzyklopädie Kathpedia" der Schutzpatron der Bibliothekare, Archivare, Studenten sowie vieler, die mit Feuer zu tun haben, etwa der Bierbrauer, Wäscherinnen und Köche. Außerdem wird er bei Hexenschuss, Ischias- und Hautleiden angerufen. In dieser Aufzählung werden die Leiden rund ums Gehen nur gestreift. Doch vielleicht ist die Sage um den Fußabdruck im Fels einfach noch nicht weit genug in die Welt hinausgedrungen? Wer weiß. Und vielleicht ist ja tatsächlich eines der Kinder, von der Magie des Steins beseelt, anschließend auf- und davongesprungen.

Julia Blust

Dieses idyllische Badehäuschen sorgte einst für Streit.

Badehäuschen
Eckener und der SÜDKURIER

Idyllischer könnte es kaum sein, das kleine, schmucke Badehäuschen, das hinter der Östlichen Uferstraße direkt am Wasser liegt. Wenn man am Ufer entlang in Richtung Osten spaziert, kann man das kleine Häuschen bewundern. Dabei rankt sich um das entzückende Bauwerk eine gar nicht idyllische, sondern eine sehr emotionsgeladene Geschichte: Es gehörte einst dem Nachfolger von Ferdinand Graf von Zeppelin (1838–1917) und Mitbegründer des SÜDKURIER, Hugo Eckener (1868–1954). Und das Badehäuschen war angeblich einer der Gründe dafür, warum Eckener sein Ehrenbürgerrecht an die Stadt Friedrichshafen zurückgab. Zumindest schrieb er das im Herbst 1950 im SÜDKURIER in einem Artikel, in dem er die Gründe aufzählte, warum er das Ehrenbürgerrecht nicht mehr haben wollte: „Ich habe ein kleines Gartenhaus am Wasser, in dem ich gern besinnlich sitze und über den weiten See hinausschaue. Unmittelbar vor dieses Häuschen schmeißt mir die städtische Bauverwaltung den Aufräumschutt in den See, und zwar nicht den sozusagen ‚sauberen' Bauschutt (was ich verständlich finden würde da die Stadt den Schutt loswerden muß), sondern ausgerechnet den übelsten Müll, Abfall und Kehricht aller Art. Dabei wirft sie den Kehricht ohne meine Genehmigung bis auf meinen eigenen Grund und Boden hinaus. Freunde, die mich besuchen, sind empört."

Das Ehrenbürgerrecht war Eckener 1925 verliehen worden. Hauptgrund für dessen Rückgabe waren nach dem Krieg freilich die Streitigkeiten um die Übertragung der Zeppelin-Stiftung auf die Stadt Friedrichshafen, gegen die sich Eckener mit Händen und Füßen wehrte. Und nicht nur Eckener: Auch Karl Maybach und Claude Dornier wollten das Ehrenbürgerrecht hernach nicht mehr haben.

Hugo Eckener hatte vor dem Streit, in den Kriegsjahren, zusehen müssen, wie die Nazis die zivile Luftschifffahrt beendeten und die alliierten Bombardierungen ein Übriges taten, um sein Lebenswerk zu zerstören. Dann wurde er durch die Beschädigung seines Wohnhauses vorübergehend obdachlos und nach dem Krieg musste er sich nicht nur mit der auf politischen Druck der französischen Besatzung erfolgten Neuordnung der Stiftung, sondern auch mit einem Berufsverbot abfinden, das die Alliierten aufgrund seiner Rüstungsaktivitäten über ihn verhängt hatten. Immerhin waren im Luftschiffbau Zeppelin rund 1200 KZ-Häftlinge zum Einsatz gekommen. Und so durfte Eckener, der seit 1924 Geschäftsführender Vorstand der Zeppelin-Stiftung gewesen war, nicht mehr in selbiger tätig sein. Im SÜDKURIER schreibt er, dass er sich mit der Neuordnung der Zeppelin-Stiftung zwar abgefunden habe, dass er es aber für sein gutes Recht halte, „bei der Verwaltung des in der Hauptsache durch meine Bemühungen in die Stiftung eingebrachten Vermögens mitgehört zu werden". Das aber wurde ihm versagt. Eckeners Zorn richtete sich vor allem gegen die Stadtverwaltung: Deren Ton und Haltung seien „des öfteren so beleidigend für mich und andere, daß ich mich genötigt sah, mich davon durch den getanen Schritt klar und bestimmt zu distanzieren. (...) Aus diesen und noch manchen anderen Gründen sehe ich mich genötigt, auf mein Ehrenbürgerrecht, das da ja wie ein Hohn erscheinen muss, zu verzichten. Ich bedaure, dass mein Ehrgefühl mich dazu zwingt denn ich liebe die Stadt, in der ich ein halbes Jahrhundert lang lebte und mit deren Einwohnerschaft mich freundschaftliche Beziehungen verbinden." Die Stadt erwiderte auf diese Vorwürfe, dass ihr von persönlichen Beleidigungen gegen Eckener nichts bekannt sei. Er selbst habe hingegen einen Ton angeschlagen, den man durchaus beanstanden könne. Auch zum Schuttabladen vor Eckeners Gartenhaus hat sich die Stadt geäußert. Es hieß, dass dieses sofort hätte unterbunden werden können, wenn Eckener der Stadtverwaltung „eine diesbezügliche Mitteilung gemacht hätte".

Seinen Ärger über das Verhalten der Stadt Friedrichshafen tat Eckener vornehmlich im SÜDKURIER kund, die Stadt antwortete auf seine Vorwürfe vor allem in der Schwäbischen Zeitung.

Mit dem Gründer des SÜDKURIER, Johannes Weyl (1904–1989), war Eckener schon seit den 1930er-Jahren bekannt. „Sie haben sich meines Wissens kennengelernt, als mein Vater, der zeitweise Leiter des Ullstein-Zeitschriftenverlags war, Eckener wegen eines Berichts über einen Zeppelinflug in der ihm unterstehenden ‚Berliner Illustrirte Zeitung' kontaktierte", erzählt Dr. Brigitte Weyl, die ihrem Vater später als Verlegerin und Herausgeberin des SÜDKURIER nachfolgte.

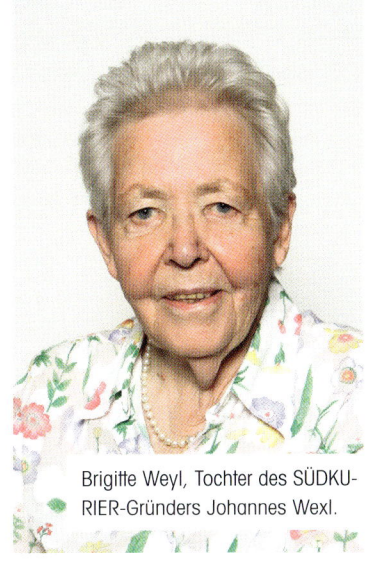

Brigitte Weyl, Tochter des SÜDKU-RIER-Gründers Johannes Wexl.

Dass die Gründung des SÜDKURIER so schnell nach Kriegsende möglich war, ist übrigens nicht nur den Initiatoren wie Weyl, Eckener und ihren Mitstreitern, sondern auch mutigen Druckern zu verdanken. Als die Franzosen im April 1945 vor Konstanz standen, hatten die Nationalsozialisten vor Ort nämlich Anweisung gegeben, die Druckmaschine, auf der zuletzt die nationalsozialistische „Bodensee-Rundschau" und auch die allerletzten Ausgaben des nationalsozialistischen Blattes „Der Führer" gedruckt wurden, zu zerstören. „Doch die Drucker weigerten sich und wussten, dass sie diese Weigerung das Leben hätte kosten können", erzählt Brigitte Weyl und sagt: „Ich bin den Mitarbeitern heute noch dankbar und bewundere sie für ihren Mut." Glücklicherweise waren die Nationalsozialisten aber damit beschäftigt, sich selbst in Sicherheit zu bringen: Sie ließen Drucker und Druckmaschine in Ruhe. Beste Voraussetzungen für Johannes Weyl, der inzwischen nach Konstanz gezogen war: „Der saß in seinem möblierten Zimmer und überlegte, wie eine neue Zeitung für Konstanz und Umgebung wohl aussehen könnte", berichtet seine Tochter. Und während die Franzosen schon begannen, eine französische Zeitung auf den Druckmaschinen zu produzieren, feilte Weyl an seinem Zeitungskonzept, mit dem er den Lesern „geistige Anleitung" bieten und sie ermutigen wollte, sich nach zwölf Jahren unter der Herrschaft der Nationalsozialisten und der damit einhergehenden Einschränkung der Meinungsfreiheit einen eigenen Standpunkt zu bilden.

Johannes Weyl schickte sein Konzept an den Landeskommissär und es kam ein Kontakt mit dem französischen Kulturoffizier Georges Ferber zustande. Ferber und Weyl waren sich sympathisch, der Franzose unterstützte den Deutschen. Ende August 1945 lag ein offizieller Auftrag der französischen Besatzungsmacht für die Gründung einer Zeitung für Konstanz und Umgebung vor. Die Franzosen stellten mehrere Bedingungen und behielten sich unter anderem das Zensurrecht vor. Johannes Weyl machte Nägel mit Köpfen und brachte eine Woche später, am 7. September 1945, eine Zeitung in einer Auflage von über 100.000 Exemplaren heraus. Datiert war sie aber auf den 8. September. Warum das? Johannes Weyl war klar, dass die Leute brandaktuell informiert sein wollen. „Es gab damals aber praktisch keine öffentlichen Verkehrsmittel. Also dauerte es, bis die Zeitung in den entlegenen Regionen war. Und die Leser sollten nicht das Gefühl haben, sie bekämen eine Zeitung von gestern", erklärt Brigitte Weyl. Im Zentrum, in Konstanz, freilich, hielten die Leser das Blatt bereits am 7. September in den Händen – mit dem Datum vom 8. September.

Der SÜDKURIER stieß auf großes Interesse. Doch dann wollten auch links orientierte Konstanzer Bürger und Vertreter der antifaschistischen Bewegung auf die einzige Zeitung vor Ort Einfluss nehmen und klagten beim französischen Gouvernement der Stadt, da die Lizenzbedingungen besagten, dass Vertreter aller politischen Richtungen einen Sitz im Kreis der Entscheidungsträger einer Zeitung haben müssten. „Dabei hatte mein Vater ohnehin großen Wert darauf gelegt, dass er allen Richtungen in seinem Blatt Raum gab, denn er hatte lange genug unter der Einschränkung der Pressefreiheit während der Nazi-Diktatur gelitten", sagt Brigitte Weyl.

Die Kommunistische Partei war inzwischen Teil der Regierungskoalition in Frankreich, was sich Ende 1945 auch auf die Besatzung in Konstanz auswirkte: Die Gouverneure wurden ausgetauscht und der neue Mann vor Ort hatte offene Ohren für die Stimmen der Antifaschisten, die am SÜD-KURIER beteiligt werden wollten. „Man bot meinem Vater an, weiter dabeibleiben zu können, aber er lehnte ab. Er hatte genug von parteibeeinflussten Zeitungen", sagt Brigitte Weyl. Nun waren also die politisch links orientierten Gruppen Herausgeber des SÜDKURIER – bis die kommunistische Partei 1947 aus der französischen Regierung wieder ausschied. „Ferber machte sich erneut stark für meinen Vater und erreichte, dass dieser den SÜDKURIER zurückbekam", erzählt Brigitte Weyl. Johannes Weyl kehrte zurück und lenkte die Geschicke des SÜDKURIER über mehrere Jahrzehnte. Am Anfang jenes zweiten Aktes stand dann auch der Streit zwischen Eckener und der Stadt Friedrichshafen wegen der Zeppelin-Stiftung und die damit einhergehende Pressefehde. Eckener selbst, der im Februar 1946 gemeinsam mit Weyl als Gesellschafter ausgeschieden war, kehrte aber nicht mehr zu der Zeitung zurück.

Inzwischen hat sich der SÜDKURIER immer weiter verbreitet und ist im September 1994 auch über den See nach Friedrichshafen gekommen. In eine Stadt, der der Mitbegründer der Zeitung einst erbost den Rücken kehrte. Hugo Eckener, der Friedrichshafen herzlich geliebt hat, dürfte sich darüber sehr gefreut haben. Und nach gütlicher Einigung mit der Stadt, die auf die Anteile an der Firma Maybach Motorenbau verzichtete, nahm Eckener schließlich – wie auch Karl Maybach und Claude Dornier – sein Ehrenbürgerrecht wieder an.

Das kleine Häuschen am Seeufer ist ebenso in Vergessenheit geraten wie die Tatsache, dass Eckener Mitbegründer einer Zeitung war, die inzwischen mehrfach ausgezeichnet wurde – zum Beispiel im Jahre 2011 mit dem begehrten Deutschen Lokaljournalisten-Preis.

Eva-Maria Bast

So geht's zum Badehäuschen:

Das Badehäuschen kann man am Ufer stehen sehen, wenn man die Östliche Uferstraße entlanggeht - es steht dort, wo die Uferstraße einen scharfen Linksknick in Richtung Eckenerstraße macht.

11

Vor dieser Kulisse ließ sich einst die Stadtprominenz von Maler Franz Seraph Stirnbrand zeichnen – der Hafenkran gibt aber auch heute noch ein äußerst imposantes Bild ab.

Kran am Hafen

Mehr als nur hübsche Kulisse

Ob die Restaurant-Gäste auf dem Plateau an der Uferstraße vor dem Medienhaus „k42" wissen, welch historisches Beiwerk beim nachmittäglichen Kaffeeschwätzchen oder beim abendlichen Glas Wein neben ihnen steht? Bequeme Möbel umgeben auf diesem Plateau einen hübschen alten Kran und machen ein schnuckeliges Plätzchen daraus. „Diese Art von Kränen war typisch für die Mitte des 19. Jahrhunderts", sagt Stadtarchivar Jürgen Oellers. Das Häfler Exemplar lasse sich um 1850 datieren. Hier ließ sich auch die Stadtprominenz von Maler Franz Seraph Stirnbrand (1788–

1882) zeichnen – schließlich machte der Kran vor der Hafenkulisse auch damals schon richtig was her. „Vermutlich war der Kran sogar mit der Anlass, diesen Ort als Kulisse zu wählen", sagt Oellers. Das Stirnbrand'sche Gemälde „Einlaufen des Raddampfers ‚Kronprinz' in den Hafen von Friedrichshafen", das im Zeppelin-Museum hängt, zeigt den schmucken Kran umringt von einer wohl typischen Szenerie: Hunde springen umher, Polizisten sprechen mit einem Herrn, feine Damen mit Sonnenschirmchen richten ihren Blick hinaus auf den See. Zwischendrin rollen Männer Fässer hin und her und karren Waren die Uferstraße entlang.

Eigentlicher Sinn und Zweck des Krans war es freilich nicht, als zugegebenermaßen schmucke Staffage für Bilder zur Verfügung zu stehen. Der Hafen war damals Umschlagplatz für Waren, bis ins frühe 20. Jahrhundert war der Transport auf dem Wasser nämlich einfacher und vor allem billiger als auf dem Landweg. In unmittelbarer Nachbarschaft zum Kran standen auch der Salzstadel und das Gredhaus, in dem Waren gelagert wurden. Der Kran überstand die Zeiten weitgehend unbeschadet. Lehrlinge der ZF restaurierten ihn 1991 unter Anleitung von Fachleuten – eine sehr verdienstvolle Aktion. Denn heute steht der Kran dort am Ufer und zieht immer wieder neugierige Blicke auf sich. „Der Kran ist eines der letzten Relikte aus der Zeit des 19. Jahrhunderts in Friedrichshafen", sagt Stadtarchivar Oellers. Wie auch die Hafenmauern – zumindest in Teilen. „Vieles, was man nicht sieht, was unter Wasser liegt, stammt ebenfalls aus dieser Zeit", erklärt Oellers. „Die Anlage hat sich nicht grundlegend verändert, die Form blieb im Grunde immer gleich", erläutert er. Die Grundform ist seit ihrer Erstellung ab 1847 bis heute geblieben, die heutige Ausdehnung erhielt das Hafenbecken nach zwei Erweiterungen um 1900. Die alte Südmole wurde 1999 ersetzt. In der Hafenanlage sind Nagelfluhsteine aus dem westlichen Allgäu verbaut, wie Oellers weiß. „Naturbeton sagt man dazu auch." Das geht aus Akten hervor, die im herzoglichen Archiv in Altshausen liegen. Um 1850 sah der Hafen im Grunde also schon so aus, wie er heute aussieht. Und von welcher Ecke in Friedrichshafen kann man das schon noch behaupten?

Julia Blust

> **So geht's zum Kran:**
>
> Der Kran steht direkt vor dem Medienhaus „k42" an der Uferstraße.

12

Alexander Belard weiß das
Rätsel um die Relikte zu lüften.

Kugelgelenk und Filter
Schutz vor Fischen und Treibholz

Es sieht aus wie ein überdimensionierter, durchlöcherter Papierkorb. Daneben liegt ein Gegenstand, der wie ein Kugelgelenk anmutet. Diese beiden rätselhaften Relikte befinden sich, von einer kniehohen Hecke geschützt, im Vorgarten des Seewasserwerks der Technischen Werke Friedrichshafen (TWF). Einen Reim kann sich darauf zunächst wohl kaum einer der Spaziergänger am Uferweg machen. Wobei: Dass es sich bei dem kugelgelenkartigen Gebilde tatsächlich um ein solches handelt, das verrät ein kleines Schild, auf dem steht: „Kugelgelenk von der 1916 verlegten See-Entnahmeleitung." Doch das wirft eher noch weitere Fragen auf: Was hat es mit der See-Entnahmeleitung auf sich? Warum brauchte sie ein Kugelgelenk? Und weshalb befindet sich selbiges jetzt an Land? Die Identität des anderen, mülleimerartigen Relikts ist auch noch lange nicht geklärt.

48

Alexander Belard von den Technischen Werken weiß Antwort auf all diese Fragen. „Wir holen das Trinkwasser aus dem Bodensee und für diesen Zweck haben wir in einer Tiefe von knapp 40 Metern Leitungen verlegt, die auf dem Seegrund verlaufen." Kugelgelenke brauche es, weil es sich beim Seegrund keineswegs um eine ebene Fläche handle. „Wenn die Leitungen starr wären, würden sie schnell brechen, wenn sie auf eine Unebenheit oder gar einen Felsen treffen", erklärt der Wassermeister. „Durch die Kugelgelenke können sich die Leitungen dem Seegrund anpassen."

Von 1916 bis 1970 schlummerte das Gelenk auf dem Grund des Bodensees, dann mussten aus Qualitäts- und Kapazitätsgründen drei neue Leitungen verlegt und Teile der alten Leitung abgebrochen werden. Darunter war auch das Kugelgelenk, das wieder aus den Tiefen des Sees emporgeholt wurde. Doch nicht nur das Kugelgelenk wurde dem kühlen Nass entnommen, auch das korbartige Gebilde kam an die Oberfläche und wurde neben dem Kugelgelenk im Garten des Seewasserwerks platziert. Wenn das Gebilde von Spaziergängern oft mit einem Abfalleimer verwechselt wird und die Mitarbeiter der Technischen Werke immer wieder mal Müll aus seinem Inneren herausfischen müssen, so handelte es sich ursprünglich tatsächlich um eine Art Unterwasser-Mülleimer. „Er saß an der Stelle, an der das Seewasser in die Leitungen floss, und sorgte dafür, dass nichts hineinschwamm, was nicht hineingehörte", erklärt Belard. Auch heute noch befindet sich ein – allerdings deutlich modernerer – Filter über dem Leitungseingang.

Und was war vor 1916, bevor die Seeleitung gelegt wurde? „Da wurde Friedrichshafen ausschließlich mit Quellwasser versorgt", erläutert Belard. Und davon gab es keineswegs immer genug. Zwischen den Buchhornern und den Schwestern des Klosters Löwental soll es im 15. Jahrhundert mehrfach heftige Auseinandersetzungen gegeben haben – und zwar „der Zwayer wasserstuben halb", die zwischen Löwental und Buchhorn lagen. Die Frauen klagten, dass der Rückgang des Wasservorkommens in ihrem Kloster auf Arbeiten zurückzuführen sei, die die Buchhorner bei der Fassung ihrer Quelle vorgenommen hätten. Die Buchhorner versicherten aber, dass sie „In an Ir wasserstuben vnd wasser gar kainen schaden thon hetten". Streitigkeiten zwischen dem Kloster und Buchhorn wegen des Trinkwassers soll es bis zum Ende des 15.

So geht's zum Kugelgelenk und zum Filter:

Das Kugelgelenk und der Filter befinden sich im Garten der Wasserentnahmestation der Technischen Werke Friedrichshafen am Königsweg 19. Den Königsweg erreicht man über den Hoföschweg.

Jahrhunderts immer wieder gegeben haben. „Dieses Wasser wurde übrigens noch in Holzteucheln geleitet", erzählt Belard. Bei Teucheln handelt es sich sozusagen um ausgehöhlte Baumstämme.

Auch Hofen hatte ab der ersten Hälfte des 16. Jahrhunderts eine Wasserversorgung. Nachdem aber Buchhorn und Hofen 1811 zu Friedrichshafen zusammengeschlossen worden waren und ein neues Gebiet dazwischen entstand, reichte das Wasser nicht mehr aus. „Es gab zahlreiche Überlegungen, Verbesserungsversuche und Vorstöße, aber wirklich gebessert hat sich die Lage erst 1889", erzählt Alexander Belard.

Der Stuttgarter Zivilingenieur Kröber hatte nämlich den Plan vorlegt, eine 4,5 Kilometer lange Quellleitung von den Gehremännlesloch-Quellen in die Stadt zu legen. Doch das Vorhaben stieß in der Bevölkerung auf erbitterten Widerstand. „Es waren die ungeheuren Kosten von 146.000 Mark, die eine Bürgerinitiative von Wassergegnern ins Leben rief", vermutet der ehemalige Geschäftsführer der TWF, Uwe Ebner. Und das, obwohl das Vorhaben auf große Spendenbereitschaft stieß. Mit dem Erfolg, dass man den Spendern unterstellte, „sich auf Kosten der Allgemeinheit den Komfort und Luxus einer qualifizierten Wasserversorgung schaffen zu wollen", beschreibt Ebner. „Mehrere Hochbesteuerte" baten in einem Schreiben „im Hinblick der geldarmen Zeit, der ohnehin großen Zahlungsverbindlichkeiten, der allgemeinen Geschäftsstockung und dem kaum fühlbaren Wasserbedürfnis, sowie vieler hier nicht zur Auslegung kommenden Umstände (...) die Wasserleitungs-Angelegenheit vorerst zu vertagen bis bessere Zeiten herantreten und die Bezahlung der Pläne und Voranschläge den Bestellern zu überlassen." Es bildete sich sogar ein „Comite gegen Wasserleitung". Eine Vertagung des Projekts erreichten die Gegner dann auch – nicht aber eine Verhinderung. Im April 1887 brachte Stadtschultheiß Schmid den Bau einer zentralen Wasserversorgung nochmals in den Gemeinderat ein und bekam tatsächlich den

Beschluss, die Leitung zu bauen. Damit freilich schaffte er sich Feinde. „Aber als das Wasser dann sprudelte, hatte er nur noch Freunde", sagt Belard schmunzelnd. 1889 wurde die Leitung in Betrieb genommen und „als dann auch später im Stadtteil Hofen der Wasserdruck stimmte, ließen es sich die Hofener Hausfrauen nicht nehmen, dem Herrn Stadtvorstand mit einem abendlichen Fackelzug zu huldigen", berichtet Uwe Ebner.

Eigentlich hätte man davon ausgehen können, dass die Stadt nun bestens mit Wasser versorgt wäre. „Doch nach und nach mauserte sich Friedrichshafen zur Industriestadt", führt Belard aus. Industrie braucht Wasser und die Men-

Die rätselhaften Relikte im Garten der Wasseraufbereitung.

schen, die in der Industrie arbeiten und in Friedrichshafen leben, auch. „Die Einwohnerzahlen stiegen und irgendwann hat man dann erkannt, dass nichts anderes übrig bleibt, als dem Vorbild von Konstanz, Hagnau und den Schweizer Seeanrainern zu folgen und das Wasser aus dem See zu entnehmen." Die Seeleitung wurde gelegt – und das mitten im Krieg, „was die Kriegswichtigkeit einer ausreichenden Wasserversorgung zeigt", unterstreicht Belard. Das Quellwasser wurde weiterhin genutzt und außerdem 1922 im Riedlewald der Wasserturm gebaut. Lange Zeit floss das Wasser nun aus der hart erkämpften Gehremännlesloch-Quelle, dem Wasserturm oder dem See in die Häfler Wasserhähne. Hinzu kam die Wasserversorgung Rotachgruppe.

Bis 2006 wurden die Quellen dann aber nach und nach stillgelegt. Seither trinken die Häfler Seewasser. Und zwar ausschließlich.

Eva-Maria Bast

13

Albert Brauchle am Grabstein für die verunglückten Ruderer auf dem Häfler Friedhof.

Ruderer-Grabstein

Tod in den Wellen

Es war ein ruhiger Morgen im Frühjahr 1931, als sich elf junge Männer des Marinevereins Friedrichshafen, angesiedelt am Seemooser Horn, ins Boot setzten. Unter strahlend blauem Himmel begannen sie am 2. Mai ihre Tour, der Föhn sorgte für einen klaren Blick auf die Berge am anderen Seeufer. Das Ziel der Ruderer: Konstanz. Ein Ausflug sportlicher Natur, schließlich ist die Strecke quer über den See weit – doch fuhren sie los mit der Hoffnung auf zwei schöne Tage im Frühling, denn die jungen Recken wollten Freunde am anderen Seeufer besuchen. Zehn von elf Männern fanden am zweiten Tag dieses Ausflugs den Tod: Die Natur zeigte ihr unerbittliches Gesicht, der See seine gnadenlose Seite.

Ein großer Grabstein erinnert noch heute an die längst in Vergessenheit geratene Tragödie auf dem See im Mai 1931. Am Fuße des Steins liegt

ein Anker. „Zum ewigen Gedenken unserer am 3. Mai 1931 verunglückten Kameraden", steht in goldenen Lettern auf dem gut mannshohen
Grabstein geschrieben. Drei der verunglückten Ruderer wurden hier
begraben, wie auf dem Stein weiter zu lesen ist. Sechs Kameraden ruhen
„im Bodensee", ein weiterer wurde in Bodman beerdigt.

Nur wenige können sich noch entsinnen, wie die ganze Stadt mit der
Nachricht in eine Schockstarre verfiel. Der bekannte Häfler Albert
Brauchle, der damals ein kleiner Junge war, aber sagt: „Ich erinnere mich
daran, als wäre es erst gestern gewesen." 1931 war Friedrichshafen noch
keine große Stadt, jeder kannte jeden. Die Nachricht, blickt Brauchle
zurück, verbreitete sich wie ein Lauffeuer in den Straßen und Gassen.
Die jungen Burschen – tot. Nur einer konnte sich retten. „Viele kannte
ich sogar", sagt Brauchle.

Die Führung des Bootes, schreibt das Seeblatt am 4. Mai, hatte ein „erfah-
rener Seemann, Reichsbahnobersekretär Richard Schmidt". Nach einer
Übernachtung in Bodman setzten die Männer ihre Fahrt am Sonntag
fort. Zwei Drittel der Route waren zurückgelegt, als das Schreckliche
geschah: Kurz nach 10 Uhr, so steht es in der Zeitung, geriet das Boot
zwischen Arbon und Rorschach in einen starken Föhnsturm. Die Männer
waren keineswegs in einem schmalen Ruderboot unterwegs, wie man es
heute kennt. Das Übungsboot mit Namen „Frena" war deutlich breiter,
ähnelte in seiner Form den Rettungsbooten und war „durchaus seetüch-
tig". Im Grunde genommen war es durch seine „Ausrüstung mit Luftsä-
cken", wie das Seeblatt schreibt, sogar unsinkbar.

Norbert Ege, 22 Jahre alt und einziger Überlebender des Unglücks,
beschreibt später den Föhn, der den Männern zum Verhängnis wurde: Mit
einem Mal und ganz plötzlich sei der Sturm losgebrochen – auch wenn
die Ruderer vorher schon geahnt hatten, dass die extrem klare Sicht nur
auf Föhn zurückzuführen sein konnte. Sturm und See sind stärker als die
jungen Männer. Das Boot füllt sich durch den starken Seegang nach und
nach mit Wasser. „Die Befehle des Steuermanns klingen scharf und
bestimmt", beschreibt Ege später dem Seeblatt zufolge den Versuch der
Ruderer, dem Unwetter standzuhalten, „die Schwimmwesten werden angelegt, weiter geht es in raschen Ruderschlägen, um das Land zu erreichen.
Da plötzlich legt sich das Boot zur Seite und kentert."

Die elf Gekenterten kämpfen um ihr Leben. „Vier Mann entschlossen sich, an Land zu schwimmen", steht im Zeitungsbericht. Doch sie kommen niemals an. Norbert Ege kann sich mit mehreren anderen Männern aufs Boot ziehen. Der Bootsführer habe sofort einen Herzschlag erlitten. Ege berichtet, dass über die Stunden immer wieder einen Kameraden die Kraft verlässt. Der tote Bootsführer Schmidt wird sogar noch einmal zur „Frena" gespült, die Männer ziehen seine Leiche auf den Kahn. „Obwohl wir wussten, dass er tot war, holten wir (...) ihn wieder auf das Boot, wir wollten ihn nicht den Wellen überlassen", erinnert sich der junge Mann. Norbert Ege verliert zwischenzeitlich das Bewusstsein.

Nach seiner offenbar recht kurzen Ohnmacht kommt Ege zu sich – und findet sich allein auf dem Boot wieder. Allerdings erblickt er dann auch den Dampfer „Nürnberg". Das Schiff nimmt Ege auf, und an Bord trifft er drei seiner Freunde wieder – alle tot. Der Dampfer hatte drei der Männer aus dem Wasser geborgen, die an Land schwimmen wollten. „Sie hatten keine Schwimmwesten mehr am Leibe und waren ganz blaugefroren", beschreibt der Überlebende laut Seeblatt.

Ege wird ins Lindauer Krankenhaus eingeliefert. Als der Dampfer mit dem gekenterten Boot im Schlepptau das Ufer erreicht, erfährt die Öffentlichkeit vom furchtbaren Unglück auf dem See. Die intensive Suche der Landespolizei Lindau verläuft erfolglos – keiner der anderen Ruder wird lebend gefunden. Lediglich zwei Mützen, Riemen und Bretter werden am Ufer angespült. Eine Leiche können die Rettungskräfte in den folgenden Tagen noch aus dem See bergen: Albert Huber, Lehrling aus Bodman, wird „in Schwimmstellung im Rettungsgürtel hängend" gefunden. Er wird in Bodman beerdigt, die drei Ruderer, die mit Norbert Ege von der „Nürnberg" geborgen wurden, werden auf dem Häfler Friedhof beigesetzt.

Einen Tag nach der Tragödie steht die Stadt unter Schock: „Wie eine lastende Trauer lag es gestern über Friedrichshafen, in das der Tod einkehrt, wo er mit jähem Griff mitten aus dem jungen, blühenden Leben, aus reichen Hoffnungen heraus und der Liebe vieler Eltern, Geschwister und Freunde, zehn junge Menschenleben riß und den sorgenden Vater einer Familie", schreibt das Seeblatt am 5. Mai 1931 auf der Titelseite unter der Überschrift „Das Bootsunglück auf dem

Bodensee". Fast die gesamte erste Seite der Zeitung ist dem schrecklichen Vorfall gewidmet. „Man konnte es fast nicht glauben, daß der See, gestern wieder ruhig geworden, am Tage zuvor bei Altenrhein in einem Föhnsturm die Opfer zu sich hinabzog in das Grab der Wellen", schreibt das Blatt weiter. „Bilder am See, sonst mit tausend Reizen empfunden, man sah sie gestern nicht, sah traurigen Bildes einzig nur die blanke Fläche, die noch immer sechs Tote umschlossen hält."

So geht's zum Grabstein:

Vom Haupteingang am städtischen Hauptfriedhof an der Hochstraße 41 aus geht man geradeaus. Das Ruderer-Grab befindet sich in der letzten Gräberreihe etwa in der Mitte.

Norbert Ege muss nicht nur die traumatischen Ereignisse verkraften. Unter den Toten ist zu allem Überfluss auch noch sein 19-jähriger Bruder Anton. Die Namen der Verunglückten sind im Seeblatt vom 4. Mai mitsamt Abstammung und Wohnort aufgeführt. Die Tragödie vom 3. Mai 1931 ist eines der schwersten Unglücke auf dem Bodensee.

„Der Föhn, diese rätselhafte, heimtückische Naturerscheinung, wurde ihnen zum Verhängnis", sagt Bürgermeister Schnitzler in seiner Traueransprache vor dem Gemeinderat. Das Gremium beschließt noch am Montagabend, zwei Tage nach dem Unglück, für die drei geborgenen Opfer, die in Friedrichshafen beerdigt werden sollten, ein Ehrengrab zur Verfügung zu stellen sowie die Kosten der Beisetzung zu übernehmen und fortan für Blumenschmuck am Grab zu sorgen. Zudem sollte um das Grab herum Platz gelassen werden für die Kameraden der Männer – sollte der See sie doch noch freigeben. Die goldenen Lettern am mächtigen Grabstein erinnern heute an die Männer, die nur einen schönen Ausflug machen wollten. Und Albert Brauchle, der selbst viele Kilometer rudernd auf dem Bodensee zurückgelegt hat, ist in Gedanken häufig bei den jungen Kerlen. Wenn er auf dem Friedhof ist, bleibt er manches Mal an dem Ehrengrab stehen – und denkt daran, wie chancenlos der Mensch auf dem See ist.

Julia Blust

14

Günter Ackermann bei den rätselhaften Gleisen.

Schienenreste

Freches Schaf, fliehendes Schwein

Wer die Mörikestraße bis zum Ende geht, hält verwundert inne. Auf einem Stück Wiese, unmittelbar vor den Eisenbahnschienen, liegen Bahngleise. Das wäre ja an sich nichts Komisches, zumal die Kombination Schrebergärten und Bahngleise recht häufig zu finden ist. Allerdings ergeben diese Bahngleise keinen Sinn: Sie sind nur etwa zehn Meter lang und enden dann.

Der Häfler Günter Ackermann, stellvertretender Chefredakteur beim SÜDKURIER, weiß das Geheimnis um die Gleise zu lüften: „Es handelt sich dabei um Reste der Teuringer Talbahn", erzählt er. Und die Geschichte der Teuringer Talbahn, das ist die Geschichte von Aufstieg und Niedergang, von Inflation, von arbeitslosen Flugzeugbauern, frechen Schafen und fliehenden Schweinen. Sie geht so: Als den Friedrichshafenern durch den Versailler Vertrag von 1918 verboten wurde, Flugzeuge und Zeppeline zu bauen, wurden auf einen Schlag viele Menschen arbeitslos. Deshalb kam der Stadt und dem Luftschiffbau die Idee, eine Bahnlinie nach Oberteuringen und weiter ins Deggenhausertal zu bauen. „Damit wären die Flugzeugbauer beschäftigt und das Hinterland erschlossen", erklärt der Kenner der Bahngeschichte, Karl-Hermann Weidemann. Gedacht, getan: Am 3. Juli 1919 wurde die Teuringertalbahn GmbH gegründet, Hauptgesellschafter war mit 70 Prozent die Stadt Friedrichshafen, die restlichen Anteile verteilten sich auf das Oberamt Tettnang und die Gemeinden Schnetzenhausen, Berg und Oberteuringen. Am 6. Oktober begannen die Bauarbeiten – und da war die Inflation

So geht's zu den Gleisen:

Wer die Mörikestraße am Zeppelinstadion vorbei bis zum Ende und in Richtung Löwental geht, stößt vor den Schrebergärten auf die Gleise der Teuringer Talbahn.

schon im vollen Gange. „Im August kostete eine Tonne Stahlschienen 700 Mark, im Oktober 260 Mark mehr, im Laufe des Oktober stiegen die Preise auf 1350 Mark", erzählt Karl-Hermann Weidemann. Wieder und wieder wurde deshalb diskutiert, ob man den Bau einstellen solle, doch dank Unterstützung des Freien Volksstaates Württemberg konnte der Bau am 31. Mai 1922 abgeschlossen werden. Der festlich mit Blumen geschmückte Zug fuhr vom Stadtbahnhof Friedrichshafen nach Oberteuringen und das Amtsblatt der Eisenbahn-Generaldirektion Stuttgart riet „wegen der durchgehenden Abfertigung von Personen, Reisegepäck (…)" auf Bekanntmachungen im Tarifanzeiger zu achten. Reisen durfte aber nur, wer Mensch und noch am Leben war: „Güter, Tiere und Leichen, die vorerst nicht direkt abgefertigt werden können, sind in Friedrichshafen umzubehandeln", teilte das Blatt mit.

Im Seeblatt vom 29. Mai 1922 bat Stadtschultheiß Schnitzler die „verehrte Anwohnerschaft (…) der Freude über das Zustandekommen dieses volkswirtschaftlich außergewöhnlich bedeutungsvollen Unternehmens am Eröffnungstag durch Beflaggen der Häuser Ausdruck zu verleihen." Für das anschließende gesellige Beisammensein wünschte sich Schnitzler rege Beteiligung: „Es darf erwartet werden, daß die hauptsächlich interessierte Geschäftswelt dabei stark vertreten ist."

So pompös und freudenreich die Einweihung begangen wurde: Schon nach sieben Monaten geriet die Wirtschaftlichkeit der Bahn in eine arge Schieflage, beinahe wäre das Projekt Teuringer Talbahn schnell wieder zu Ende gewesen. Doch die Häfler kämpften: Stadtschultheiß Schnitzler schrieb am 1. Juli 1924: „Ich bitte Jedermann, der an dieser Bahn ein Interesse hat, solche fleißig zu benützen, da es von ihre Frequenz abhängt, ob sie weiterhin in Betrieb bleiben kann."

Die Bahn dampfte dann noch eine ganze Weile vor sich hin und aus jener Zeit weiß Karl-Hermann Weidemann einige amüsante Anekdoten zu berichten: „Viele Kinder hatten ein, zwei Schafe, die frei herumlaufen durften." So auch das Tier Liese, das sich oft am Bahndamm der Teuringer Talbahn aufhielt. „Und immer wenn das Gebimmel des Bähnles erklang, rannte sie und stellte sich mitten auf das Gleis und wich nicht", erzählt Weidemann schmunzelnd. Der Lokführer, ein Mann namens Fischer, sei dann zum Anhalten gezwungen gewesen.

Das Gleisteil.

„Er musste aussteigen und das Schaf wegjagen." Das sei auch gelungen, aber bis der Lokführer wieder eingestiegen war, war Liese auf die Gleise zurückgekehrt. Auch ein Schwein sei einmal beim Transport abhanden gekommen und habe mühevoll wieder eingefangen werden müssen.

1943 ging die Teuringer Talbahn in das Eigentum der Deutschen Reichsbahn über, die Anteilseigner wurden abgefunden. Ab dem Sommerfahrplan 1954 stellte man den Personenverkehr ein und Mitte Februar 1960 wurde die ehemalige Teuringer Talbahn endgültig stillgelegt. Nur die Gleise beim Stadion blieben noch zurück und erinnern an eine Zeit, in der ein Laib Brot viele Millionen Mark kostete.

Eva-Maria Bast

15

Tillmann Stottele am Stamm des
Mammutbaums im Uferpark.

Mammutbäume
Stille Riesen als Geschenk des Königs

Schulferien. Ein kleiner Junge steht vor einem Baum im Uferpark. Er legt den Kopf in den Nacken, blickt ganz nach oben – und sein Mund formt ein deutliches „Oh!" vor lauter Staunen: „Ist der groß!" Schnell läuft er los zu seiner Familie, die etwas abseits steht, und holt seine Schwester. Aufgeregt zieht er sie am Ärmel und sagt: „Guck mal, der ist schon über hundert Jahre alt, der Baum." Das steht auf dem Schild in der Nähe. Dabei ist der Baum – ein Mammutbaum, genauer: ein Berg-Mammutbaum, Sequoiadendron giganteum – im Grunde noch klein, ein Teenager sozusagen. Denn Bäume dieser Art können 3000 Jahre alt und über 90 Meter hoch werden. Ausgewachsen, steht auf der Tafel geschrieben, ist der Baum wohl in etwa 200 Jahren. „Schade!", sagt das Mädchen dann, „da lebe ich nicht mehr." Gern hätten die beiden Geschwister den Baum in seiner vollen Pracht gesehen. Doch auch heute schon ragen die Häfler Mammutbäume majestätisch in den Himmel – einige von ihnen sind inzwischen um die 40 Meter hoch. Wenn die Bäume so lange überleben, dass sie ihre maximale Größe erreichen, werden sie die Türme der Schlosskirche, gerade mal 55 Meter hoch, um einiges überragen.

Acht dieser Bäume wurden 1997 unter Naturschutz gestellt: ein Baum im Uferpark, einer in der Hochstraße 101, zwei in der Werastraße 8, einer im Schlosspark, zwei in der Schmidstraße (15 und 39) und einer schließlich in Fischbach in der Ziegelstraße 5. Dr. Tillmann Stottele, Leiter der Abteilung Umwelt und Naturschutz im Rathaus Friedrichshafen, erinnert sich noch gut, wie es dazu kam – im Grunde hat nämlich mindestens einer der Bäume einem Zufall sein Leben zu verdanken. „Ich hatte einen Ortstermin – Anfang Februar 1997 – am Rand des Eriskircher Riedes auf der Beobachtungsplattform im Seewiesenesch", berichtet Stottele. Mit dabei waren Kollegen des Baubetriebsamts und Vertreter des Technischen Hilfswerks (THW). Mit Blick auf den Uferpark sagte einer der Kollegen: „So einen Baum werden wir demnächst fällen." Stottele wurde sofort hellhörig, machte sich kundig. „Ich stellte dem Landratsamt genau die Frage, die uns

So geht's zu den Mammutbäumen:

Ein Baum findet sich im Uferpark, ein weiterer in der Hochstraße 101. Ein Baum steht in der Werastraße 8, einer im Schlosspark, zwei in der Schmidstraße (15 und 39) und einer schließlich in Fischbach in der Ziegelstraße 5. Ein weiterer Baum in der Werastraße musste gefällt werden, weil er bei einem Sturm starke Schäden davongetragen hatte. Öffentlich zugänglich ist allerdings nur der Baum im Uferpark – die anderen stehen auf Privatgelände, sind aber von der Straße aus zu sehen.

auch in verschiedenen Situationen so viele Bürger stellen: Gibt es denn keinen Schutzstatus für diese Bäume?", erinnert sich Stottele. Die Antwort lautete „Nein".

Die Recherchen, die umgehend folgten, erbrachten Erstaunliches: „Wir fanden heraus, dass die Mammutbäume im Zusammenhang mit Friedrichshafen als Sommersitz des württembergischen Königs Wilhelm I. eine ganz besondere Bedeutung haben", sagt Stottele. „Sie sind im Grunde ein echtes Kulturdenkmal." Die Bäume auf städtischem Grund und auf dem Schlossgelände wurden schließlich unter Naturschutz gestellt. Dafür war es rückblickend auch allerhöchste Zeit: Wie Stottele bei seinen Recherchen herausfand, sind zwischen den 1970er- und 1990er-Jahren „die Hälfte der über 100-jährigen Mammutbäume" in Friedrichshafen „durch Baumaßnahmen, Blitzschlag und Willkür verloren gegangen".

Übrigens gibt es auch eine Verbindung zwischen den Mammutbäumen und der Stuttgarter Wilhelma: Dort ist ein Teil von ihnen quasi „aufgewachsen". Zu verdanken haben die Häfler die meisten der wundervollen Bäume nämlich König Wilhelm I. von Württemberg (1781–1864). Er erteilte seiner Bau- und Gartendirektion 1864 den Auftrag, ein Lot Mammutbaumsamen zu kultivieren. Ihre ersten Monate verbrachten die Pflänzchen in der Stuttgarter Wilhelma, dann wurden sie nach Friedrichshafen gebracht und dort gepflanzt. Die Setzlinge sollten auf die „schönsten Gärten der Stadt" verteilt werden – so wollte es der König. Tillmann Stottele beschreibt in seiner Würdigung, die einer Unterschutzstellung vorausgeht, wie König Wilhelm I. kurz vor seinem Tod den Anstoß zum Anbau des

Berg-Mammutbaums in Württemberg gegeben hatte, „welcher wohl mehr zufällig zum ersten Großversuch in Europa werden sollte". Möglicherweise habe man bei der Bestellung nicht bedacht, dass die größten Baumriesen einen der kleinsten Baumsamen erzeugen, schreibt er. „Vielleicht hat aber auch die Überlieferung recht, nach der versehentlich mehr Samen als beabsichtigt bestellt worden sind." Jedenfalls erhielt die königliche Bau- und Gartendirektion 1864 gleich ein halbes Pfund Wellingtonia-Samen aus Kalifornien. Von diesen ältesten Mammutbäumen in Europa sind bis heute wohl nur noch wenige erhalten. Aus der Wilhelma-Aussaat stammen der Würdigung zufolge in jedem Fall die Bäume rund ums Schloss und im Uferpark. Das Exemplar in der Hochstraße soll Mitte der 1930er Jahre als kleines Bäumchen aus Nordamerika nach Friedrichshafen gebracht worden sein – und zwar von einem Zeppelin. Damals wohnte Knut Eckener, der Sohn von Hugo Eckener, in diesem Haus.

Ein weiteres Exemplar stand im Garten des heutigen Schulmuseums, der früheren Villa Riß, an der Ecke Olgastraße/Friedrichstraße. Es hatte schlimme Zeiten – unter anderem die beiden Weltkriege – unbeschadet überlebt. Im Dezember 1993 allerdings fegte ein Orkan über die Stadt und riss wuchtige Äste aus dem Stamm. Der Baum wurde dabei schwer verletzt und musste entfernt werden. Großen Ärger gab es um zwei weitere Mammutbäume, die auf dem ehemaligen Kurgartengelände standen – dort, wo heute das Graf-Zeppelin-Haus steht. Sie wurden auf Beschluss der Stadt gefällt, damit das Kultur- und Congress-Centrum ab 1982 gebaut werden konnte.

Möglicherweise blicken unsere Nachkommen also in 150 oder 200 Jahren auf die Silhouette des Häfler Seeufers, auf die Türme der Schlosskirche – und auf einige Bäume, die noch weit höher in den Himmel ragen. Bis dahin könnten die Mammutbäume Stammdurchmesser von bis zu neun Metern haben – wie ihre Verwandten in Kalifornien schon heute. So wollte es wohl damals auch der König: Die mächtigsten Bäume der Welt sollten die schönsten Gärten der Stadt schmücken. Tillmann Stottele jedenfalls hofft, dass einige der Mammutbäume es schaffen – und dass auch unsere Nachkommen sorgsam mit den stillen Riesen umgehen. Der König hätte sich sicher gefreut, die kleinen Setzlinge aus der Wilhelma als fast hundert Meter hohe Giganten stehen zu sehen.

Julia Blust

Bertrand Schmidt sitzt
auf dem Brunnen im
Riedlewald.

Brunnen im Riedlewald
Graues Gemäuer mitten im Wald

Es ist ein merkwürdiger Anblick: Mitten im Riedlewald erhebt sich
eine langgezogene Mauer. Und davor, an der Stelle, an der sich die
Mauer ein wenig nach hinten zieht und eine Ausbuchtung bildet, liegt
ein in den Boden eingelassenes Rechteck. Bertrand Schmidt von der
Abteilung Umwelt und Naturschutz der Stadt Friedrichshafen weiß,

was es mit dem seltsamen Bauwerk auf sich hat: Bei dem Rechteck im Boden handelt es sich um einen stillgelegten Brunnen. Und die langgezogene Mauer bot müden Wanderern einst Sitzgelegenheiten an dem kühlen Wasserplatz. Oder auch Eltern, die mit ihren Kindern einen Ausflug hierher machten. Denn den kleinen Häflern bescherte der Brunnen aus der damals noch lückenhaft bebauten Nordstadt immer

So geht's zum ehemaligen Brunnen im Riedlewald:

Von der Margaretenstraße aus geht man den Hauptweg in den Riedlewald hinein. Der Brunnen befindet sich nach etwa 100 Metern auf der rechten Seite.

wieder ein erfrischendes Bad im Wald. Wann der Brunnen genau entstand, kann Bertrand Schmidt nicht sagen, die Unterlagen sind wahrscheinlich bei den Bombenangriffen im Zweiten Weltkrieg, die auch das Stadtarchiv trafen, verbrannt – vermutet wird anhand der Architektur, dass er in der 1930er-Jahren gebaut wurde. Aufgrund einer großen Buche mit ausladenden Ästen, die jüngst wegen Pilzbefalls gefällt werden musste, konnte Schmidt rekonstruieren, dass sich früher beim Brunnen ein freier Platz befunden haben muss.

Der Diplom-Biologe nimmt sogar an, dass es vielleicht schon vor dem Brunnenbau an dieser Stelle eine Pferdetränke oder einen in Holz gefassten Erfrischungstümpel gegeben hat. „Früher führte genau hier ein Bachgraben durch den Riedlewald und es gab hier viel mehr Feuchtigkeit", erzählt Schmidt. „Das sagt ja auch schon der Name: Riedlewald bedeutet soviel wie ‚sumpfiger Wald'."

Wann der Brunnen stillgelegt wurde, ist nicht bekannt. Seinen Reiz für die kleinsten Häfler hat das graue Gemäuer indes nicht verloren. Wenn auch keine Kinder mehr begeistert juchzend in einem Brunnenbecken plantschen, so balanciert doch manches kleine Mädchen und mancher kleine Junge stolz auf dem Gemäuer entlang. Das Kinderlachen am Brunnen im Riedlewald ist also noch lange nicht verklungen.

Eva-Maria Bast

17

Ernst Haller, lange Jahre Geschäftsführer der Messe, neben der von Architekt Carl Frohn für die erste IBO entworfenen Blumenschale, die heute auf dem Friedhof steht.

Blumenschale
Vermächtnis der Häfler Messe Nummer eins

Wer durch den mächtigen Haupteingang des Häfler Friedhofs tritt, blickt in einen wunderschönen Hof, mittendrin eine großzügige Rasenfläche, gesäumt von Bäumen. An der vorderen Kante des Rasens steht eine große Blumenschale mit einem Durchmesser von etwa zwei Metern, bepflanzt mit den verschiedensten blühenden Schönheiten. Da hat sich aber jemand was Hübsches überlegt! So jedenfalls denkt es sich der nichtsahnende Besucher.

Doch weit gefehlt: Der überdimensionale Blumenkübel war eigentlich gar nicht für den Friedhof bestimmt. Wenige Häfler können sich noch an seinen ursprünglichen Verwendungszweck erinnern. Ernst Haller, ehemaliger Geschäftsführer der Messe, ist einer von ihnen – und er lüftet bereitwillig das Geheimnis um die Blumenschale: „Entworfen wurde sie von Architekt Carl Frohn für die erste IBO 1950." Den Auftrag, schildert Haller, der ab 1952 selbst bei der Messe beschäftigt war, schmunzelnd, habe sich Messe-Archi-

So geht's zur Blumenschale:

Der Städtische Hauptfriedhof liegt an der Hochstraße 41. Die Blumenschale steht im Bereich des Haupteingangs.

tekt, Stadtrat und Messe-Gesellschafter Frohn wohl auch ein bisschen selbst gegeben. „Er machte den anderen einfach klar, dass vor den Eingang der Zeltbauten, die die IBO bildeten, Blumen hingehören", berichtet Haller weiter.

Carl Frohn war 1949 einer von elf Gesellschaftern, die den Gesellschaftsvertrag zur Gründung der Messe unterzeichneten. Die erste Internationale Bodensee-Messe (IBO) fand auf dem noch unbebauten Schulgelände bei der Pestalozzischule in der Nordstadt im April 1950 statt. Und dort stand – auf alten Fotos ist er vor dem Haupteingang zu sehen – eben auch der Frohn'sche Blumenkübel. Denn es gab wohl schlicht keine Fläche, um Blumen direkt in den Boden zu pflanzen, Blumen aber wollte man haben, gar zu trist wäre die Szenerie sonst erschienen!

Und da die Messe aufgrund des Platzmangels auf dem Gelände schon zu ihrer vierten Auflage 1953 an den Riedlewald umzog, war die große Blumenschale im Nachhinein eine noch genialere Idee des bekannten Häfler Architekten. Als hätte er schon geahnt, dass die Blumen bald wieder auf Reisen gehen müssen. Frohn zählte übrigens 1948 auch zu den Initiatoren der Gründung der Freien Wähler Vereinigung (FWV) in Friedrichshafen. Auch war er zwischen 1952 und 1961 der erste Vorsitzende der Häfler Seegockelzunft, 1949 – noch unter dem Namen Narrenverein Friedrichshafen – gegründet.

Ernst Haller selbst war ab 1952 Laufjunge bei der Messe – und sah auch die Blumenschale bei der dritten IBO in eben jenem Jahr mit eigenen Augen. Er ist übrigens der einzige Mensch, der auf allen vier

Messeplätzen gearbeitet hat – zwischen 1952 und 2002. Vermutlich aufgrund des Umzugs der Messe an ihren zweiten Platz, am Riedlewald, fand der Blumenkübel dort keine Verwendung mehr. Also spendete die Messe ihn kurzerhand der Stadt. Wie und warum die Empfänger der Spende auf die Idee kamen, die IBO-Blumenschale in den Eingangsbereich des Friedhofs zu stellen, das ist heute nicht mehr herauszufinden. Vielleicht ist die Erklärung ganz simpel und hier, auf der großzügigen Rasenfläche, war einfach genug Platz? Oder Carl Frohn höchstpersönlich gab den Tipp?

Wer heute durch das Friedhofstor tritt, blickt auf eine Blumenschale, die aussieht, als sei sie für genau dieses Fleckchen Erde gemacht – und darauf kommt es am Ende an. Und vermutlich ist das gute Stück auch das letzte Überbleibsel der ersten Jahre der IBO in der Nordstadt.

Julia Blust

18

Die Canisiuskirche.

Canisiuskirche
Ein Pfarrer gegen das Nazi-Regime

Groß und eindrücklich steht sie an einer vielbefahrenen Straße mitten in der Stadt. Ebenso beeindruckend wie die Kirche ist der Pfarrer, der 40 Jahre lang in ihr gepredigt hat: Valentin Mohr. Kurz vor Ausbruch des

Schöne Details an der Kirche.

Ersten Weltkriegs als Priester geweiht und 1938 zum Stadtpfarrer der Canisiuskirche ernannt, ist sein Leben und Wirken eng verknüpft mit den beiden Weltkriegen und einem Regime, gegen das er sich wehrte. Nicht von Anfang an in aller Offenheit, aber im Laufe der Jahre immer intensiver, bis er die menschenunwürdigen Handlungen der Nationalsozialsten nicht mehr ertrug und im Januar 1945 an den Kreisleiter schrieb: „Geehrter Herr! Unser Beifall ist erzwungenes Sklavengeheul. Denn mehr als Entrechtete sind wir nicht. Schlachtvieh für die Parteisache; Ihr heisst es Deutschland. Das richtet Ihr zu Grunde. Euch geht die Partei und Euer Nutzen über alles. Andere hetzt Ihr hin. Ihr selbst schont Euch." Mohr warf dem „geehrten Herrn" und seinen braunen Brüdern vor, die Menschen mit Lügen zu täuschen und prophezeite: „Es kommt die Zeit, wo Euer Lügenthron gestürzt wird."

Schon bevor er diesen Brief verfasste, sei Mohr immer wieder am damaligen System „angeeckt", erzählt Josef Schwarz von der Kirchengemeinde. Spitzel wurden in den Gottesdienst eingeschleust, um die Namen der Kirchenbesucher zu erfassen und dem Kreisleiter über den Inhalt der Predigten zu berichten. „Insofern wussten die Nationalsozialisten eigentlich um Mohrs Haltung, konnten ihm aber nie Konkretes nachweisen", erläutert Josef Schwarz.

Seinen Freunden und auch ihr gegenüber habe Mohr seine Verachtung für das Regime aber immer wieder zum Ausdruck gebracht, sagt Maria Bart, über 40 Jahre Gemeindereferentin in St. Petrus Canisius. Und schließlich hielt Mohr es nicht mehr aus, konnte mit seiner Wut nicht mehr hinter dem Berg halten und schrieb besagten Brief, den er mit „Ein Sklave aus dem Sklavenvolk im Volkssturm" unterzeichnete. „Aber er war kein Mensch, der anonyme Briefe mochte, und deshalb hat er am nächsten Tag seine Schwester zum Kreisleiter geschickt, damit sie ihm berichtet, von wem der anonyme Brief stammt", erklärt Maria Bart.

Valentin Mohr wurde verhaftet und erlitt einen Nervenzusammenbruch. Er wurde in ein Notspital nach Kressbronn gebracht, „abends musste ich ihm noch seine Kleider und Wäsche bringen", erinnert sich Maria Bart, die damals in der Kirchengemeinde stark engagiert war. „Es war kalt und glatt. Ich bin gelaufen so schnell ich konnte und dann bin ich gestürzt", sagt sie. Danach wurde Valentin Mohr ins Konzentrationslager Welzheim gebracht.

Maria Bart und Josef Schwarz in der Canisiuskirche.

Er überlebte. „Aber er war sehr erschöpft, als er wiederkam", erzählt Maria Bart. Viele Jahre lang wirkten die beiden, Maria Bart und Valentin Mohr, in der Gemeinde. Und wer die Canisiuskirche heute betritt und die Kanzel betrachtet, auf der Valentin Mohr einst predigte, der kann sich ihn beinah bildhaft vorstellen, den Pfarrer, der den Nationalsozialisten immer und immer wieder geschickt entwischte.

Valentin Mohr entschied selbst über den Zeitpunkt, an dem er den Nationalsozialisten seine Meinung offen mitteilte. Im vollen Bewusstsein dessen, was das für ihn bedeuten würde. Für den Kreisleiter war freilich auch das ein Triumph: Am 9. Januar 1945 schrieb er in einem Rundschreiben: „Mohr, der durch seinen Fanatismus der Nationalsozialistischen Bewegung schon sehr viele Schwierigkeiten bereitet hat, hat sich damit selbst erledigt." Der Kreisleiter schloss den Brief mit dem Hitlergruß und den Worten „Ehrlich währt am längsten". Wenigstens damit behielt er Recht, wenn auch anders als gedacht, denn wenige Monate später beging Hitler Selbstmord und das nationalsozialistische Regime erledigte sich durch die Kapitulation selbst. Die Ehrlichkeit des mutigen Pfarrers aber hat Bestand.

Eva-Maria Bast

So geht's zur Canisiuskirche:

Die Canisiuskirche befindet sich in der Katharinenstraße 12, Ecke Charlottenstraße.

Ulrich Sauter vor seinem Haus, der Villa Niederberger.

Villa Niederberger

Expressionistisches Heim einer Arzt-Familie

„Extravagant" ist wohl das treffendste Attribut für dieses Bauwerk. Verblendungen aus Naturstein, ein auffälliges Türmchen in Form einer Pyramide über dem Eingangsbereich: die Villa Niederberger in der Schmidstraße fällt sofort ins Auge. Fast märchenhaft wirkt der Bau von 1927/28, in dem heute Ulrich Sauter mit seiner Frau lebt. Er hat das Haus von seinem Vater, dem bekannten Häfler Arzt Dr. Josef Sauter, geerbt. Zunächst der Vater und später der Sohn haben im Souterrain der Villa ihre Arztpraxis betrieben. Und auch heute gehen dort noch Patienten ein und aus – Dr. Ulrich Sauter hat die Praxis allerdings übergeben und ist im Ruhestand.

Einige hundert Jahre zuvor befanden sich dort, wo die expressionistische Villa heute steht, die Rebgärten des Klosters Hofen. Später kaufte ein gewisser Zimmermeister Hutter dieses Gelände, berichtet Hausherr Sauter. Jener Hutter veräußerte das Grundstück dann in mehreren Parzellen weiter.

Die Villa wurde allerdings nicht, wie der Name vermuten ließe, von Architekt Ernst Niederberger entworfen. Vielmehr stammen die Pläne aus der Feder seines Mitarbeiters Otto Hochmiller, der später Stadtbaurat in Bad Saulgau wurde. Der Name der Villa stammt daher, dass das Gebäude Wohnhaus und Atelier des Architekten war. Niederberger baute die Villa Ott gegenüber, in der 1915 bis 1920 Karl und Käthe Maybach wohnten. Und das legendäre Kurgartenhotel am Häfler Seeufer ist ebenfalls nach seinen Entwürfen entstanden.

Dass Familie Sauter dann auf das auffällige Eigenheim aufmerksam wurde, ist einem Zufall zu verdanken – und dem Beruf von Josef Sauter. Er kam 1930 in seiner Funktion als Arzt in die Schmidstraße. Der obere Stock der Villa war inzwischen vermietet, und ein Mann, der dort wohnte, war krank. „Mein Vater sagte noch im Treppenhaus zum Dienstmädchen der Familie Niederberger: ‚Das ist aber ein schönes Haus!'", erzählt Ulrich Sauter. Und wie es der Zufall so wollte, berichtete das Dienstmädchen dann, dass das Haus verkauft werden solle, da der Hausherr inzwischen verstorben war. Sauter seniors Interesse war sofort geweckt. Beim Kauf des Hauses musste er sich aber gegen starke Konkurrenz durchsetzen: „Frau Lohner, die Wirtin des Gasthauses ‚Ochsen' in der Altstadt, wollte das Haus auch haben", berichtet Ulrich Sauter. Die einzige Furcht des Vaters, der im Haus auch seine Arztpraxis einrichten wollte, betraf die Lage: „Mein Vater hatte etwas Sorge, dass die Praxis hier, an der damaligen Westgrenze der Stadt, zu abgelegen sein könnte", erinnert sich Ulrich Sauter. Was heute mit ein bisschen gutem Willen zum erweiterten Stadtzentrum zählt, war damals eben „ab vom Schuss".

1932 zog Familie Sauter in die Villa ein. „Seitdem wohne ich hier", sagt Ulrich Sauter – also fast sein ganzes Leben, denn der kleine Ulrich war gerade mal ein Jahr alt, als die Familie in die Schmidstraße zog. Der Vater richtete im Souterrain, im ehemaligen Architekturbüro, die Praxis ein. So schließt sich der Kreis: Wäre Vater Sauter kein Arzt gewesen, wäre er nicht zum Hausbesuch in die Villa gekommen.

Die Villa Niederberger ist ein seltenes Beispiel expressionistischer Wohnhausarchitektur: Das Dach steht extrem weit über, eine steile Pyramide findet sich auf der Dachfläche. Ein Himmelsrichtungsanzeiger weist den richtigen Weg. Die Verblendungen des Gebäudes sind

**So geht's zur
Villa Niederberger:**

Die Villa Niederberger steht
in der Schmidstraße 3.

aus Sandstein, ein Zwie-beldachaufsatz sieht äußerst extravagant aus. „Wahrscheinlich wollte der Architekt hier mal ein Experiment machen und seinen Stil verwirklichen", vermutet Ulrich Sauter. „Phantasie hatte er auf jeden Fall", ergänzt der Eigentümer dieses auffälligen Bauwerks.

Bei einem schweren Luftangriff der Alliierten während des Zweiten Weltkriegs am 28. April 1944 kam Familie Sauter glimpflich davon. Die Villa wurde zwar getroffen – Ulrich Sauter berichtet von insgesamt sieben Brandstellen – aber mit vereinten Kräften konnten die Feuer gelöscht werden. „Wären wir nicht zuhause gewesen, wäre das Haus sicher abgebrannt."

Dass die Villa an einem so zentralen wie geschützten Plätzchen steht, ist ebenfalls vielen Zufällen zu verdanken. So zentrumsnah das Haus am Anfang der Schmidstraße heute liegt, so ruhig ist es doch drum herum geblieben. Die Bahn verschwindet ein gutes Stück westlich parallel zur Schmidstraße in der Unterführung, die Zeppelinstraße ist gerade weit genug weg. Um ein Haar allerdings wäre die Schmidstraße selbst zur zentralen Verkehrsader geworden: „1965 sollte diese Straße zur B 31 ausgebaut werden", erinnert sich Sauter. „Die Pläne standen schon fest, alles war abgemacht. Dann kam Verkehrsminister Adorno aus Stuttgart und sagte zu Oberbürgermeister Grünbeck: ‚Wenn wir hier für viel Geld die Bundesstraße ausbauen, verzögert das die Umgehungsstraße.'" Für die Anlieger der Schmidstraße ein riesiges Glück: Die Pläne sahen vor, drei Meter weiter an die Häuser heranzugehen, eine Ampel vor der Nase und ständiger Stau wären wohl die Folgen dieser Planung gewesen. Wieder so ein glücklicher Zufall, der den Sauters in die Hände spielte. Und so steht heute dort, wo einst die Mönche Trauben pflückten, ein Haus, das auch als Kulisse für einen Märchenfilm dienen könnte – oder einen James-Bond-Streifen. Wer weiß, was Architekt Otto Hochmiller beim Erstellen der Entwürfe so alles durch den Kopf ging.

Julia Blust

20

Josef Büchelmeier zeigt auf das alte Mauerwerk – ein Überbleibsel der Stadtmauer.

Stadtmauer
Erinnerung an einen hungrigen Dieb

In Friedrichshafen hat man heute gut zu essen. Zahlreiche Restau-
rants, Cafés und Geschäfte sorgen dafür, dass niemand Hunger leiden
muss. Das war nicht immer so. Es gibt in der Stadt noch ein Relikt, das
an schlimme Zeiten und an Hungersnöte erinnert. Und das ist ausgerechnet eines, das ohnehin schon Rätsel aufgibt: das alte Gemäuer, das
die Stadt in Richtung Parkhaus am See begrenzt und das so gar nicht
zum architektonisch modernen Friedrichshafen passen will. „Bei dem
Mauerwerk handelt es sich um den letzten Rest der Stadtmauer", lüftet
der ehemalige Oberbürgermeister der Stadt Friedrichshafen, Josef

75

Ein merkwürdiger Kontrast: alte Mauer
vor moderner Architektur.

Büchelmeier, das Geheimnis um die Mauer. „Und die schützte Friedrichshafen, das damals noch Buchhorn hieß, vor dem Feind. ‚Der
Feind', das waren vor allem die Schweden im Dreißigjährigen Krieg
von 1618 bis 1648", definiert Büchelmeier. Und auch die Kaiserlichen
machten den Buchhornern schwer zu schaffen. Beim Studium der Literatur findet sich dann auch die Antwort darauf, was die Stadtmauer
mit der Hungersnot zu tun hat: Über die Stadtmauer kletterte ein
Bürger namens Martin Baldauf nämlich und stahl „zwei Stumpen
Obst". Der Hunger hatte ihn zu jener Straftat getrieben, doch Martin
Baldauf wurde erwischt und landete im Diebsturm. Das war im Jahr
1633, ein Jahr zuvor hatten die Schweden Buchhorn eingenommen.
Sie blieben zwar nur drei Tage, aber in dieser Zeit wüteten sie derart,
„daß gänzlich nichts mehr vorhanden gewest", wie es in den Quellen
heißt. Weitere Besetzungen folgten, etwa im Juli 1632, als Kaiserliche
Soldaten über Buchhorn herfielen und es plünderten. Und im Februar
1633, in dem Jahr, als Martin Baldauf verzweifelt über die Stadtmauer
kletterte, um Nahrung für sich und seine Familie zu suchen, mar-

schierten kaiserliche Truppen in die Stadt und wünschten, bezahlt und verpflegt zu werden. Übrigens handelte es sich dabei um Soldaten des Reitergenerals und Feldmarschalls Gottfried Graf zu Pappenheim, der im November 1632 bei der Eroberung Leipzigs bei Lützen tödlich verwundet worden war und seine Truppen damit gewissermaßen herrenlos zurückgelassen hatte. Auf jenen General geht auch der Ausdruck „ich kenn' doch meine Pappenheimer" zurück. Er entstammt Schillers Drama „Wallensteins Tod", das im Dreißigjährigen Krieg spielt und von eben jenem Grafen zu Pappenheim und seinem Regiment handelt. In Schillers Werk lobt Wallenstein die Soldaten mit den Worten: „Daran erkenn ich meine Pappenheimer."

Die Buchhorner hingegen erkannten die Pappenheimer eher an all den Unannehmlichkeiten, die sie ihnen bereiteten. Sie bekamen horrenden Lohn und waren bei gutem Appetit. Mit der Folge, dass die Buchhorner noch mehr hungern mussten. Das Elend hatte schon um 1619 begonnen, als durch den Krieg eine immense Teuerung einsetzte und die Preise teilweise um über tausend Prozent stiegen. Die Stadt verschuldete sich und wurde schon zu jener Zeit von Truppendurchzügen und später eben auch von Plünderungen gebeutelt. „Die Not zwang viele Menschen, sich von Gras, Klee, Kleie und Schnecken zu ernähren", schreibt Fritz Maier im ersten seiner drei Häfler Heimatbücher. Die Pest, die die Stadt 1625 und 1629 heimsuchte, tat ein Übriges, um die Bevölkerung zu entkräften. 1634, ein Jahr nach dem Mundraub Baldaufs, wurde Buchhorn erneut von den Schweden besetzt. General Horn, der vor Überlingen eine Niederlage erlitten hatte, fiel mit seinen Truppen in der Nacht zum 15. Mai vom Land und vom Wasser aus in Buchhorn ein und machte es zum schwedischen Kriegshafen. Jetzt wäre Martin Baldauf auch nicht mehr so leicht über die Mauer gekommen, über die er stieg, um das Obst zu stehlen. Denn die Schweden verstärkten dieselbe mit Verschanzungen. Daher hat übrigens auch die heute noch bestehende Schanzstraße ihren Namen. Und Buchhorn hieß nicht mehr Buchhorn, sondern wurde, zu Ehren des gefallenen schwedischen Königs Gustav II. Adolf von Schweden, vorübergehend in „Gustavsburg" umbenannt.

Im Sommer 1634 kam es zu heftigen Kämpfen: Max Willibald von Wolfegg und Oberst Vitzthumb kämpften für die Befreiung Buchhorns.

So geht's zur Stadtmauer:

Die Stadtmauer-Reste befinden sich an dem Eckhaus Karlstraße/Uferpromenade. Man kann sie vom Parkhaus am See (Eingang) aus gut sehen.

Sie kamen zu Land und zu See und nahmen auch keine Rücksicht auf Hungersnöte, als sie die Obstbäume im Klostergarten zugunsten eines freien Schussfeldes einfach abholzten. Ob auch derjenige Obstbaum darunter war, von dem der unglückliche Martin Baldauf sein Obst gestohlen hatte? Jedenfalls war es ein langer, erbitterter Kampf. Das Ergebnis: Hofen wurde in Brand gesetzt, viele Soldaten flohen und ertranken im See. Das Kloster Hofen brannte komplett nieder und die Schweden steckten auch noch weitere Gebiete in Brand. Der Feuersbrunst folgte die Erleichterung: Im Herbst 1634 erlitten die Schweden bei Nördlingen ihre bekannte große Niederlage und zogen sich aus Süddeutschland zurück. Wirklich durchatmen konnten die Buchhorner allerdings nicht: Die Kaiserlichen nahmen in der Stadt Quartier und ordneten an, alle Mauern und Befestigungen zu entfernen. Sie hatten gelernt, dass die Mauern durchaus auch den Feind schützen können, wenn er sich erst einmal innerhalb der Mauern befindet.

Widerwillig taten die Buchhorner wie ihnen geheißen. Erst 1651 wurden die Stadtbefestigungen mit Toren und Türmen wieder aufgebaut. Teile der ganz alten Mauer gibt es wahrscheinlich nicht mehr. Insofern erinnert der Rest der Stadtmauer zwar an die Wirren des Dreißigjährigen Krieges und die Hungersnot des Volkes, aber es ist vermutlich nicht mehr die originale. Doch wer weiß: Vielleicht hat der Obstdieb Martin Baldauf ja beim Bau der neuen Befestigung geholfen?

Eva-Maria Bast

21

Die Villa Colsman beherbergte einst die Dienstwohnung des Generaldirektors von Luftschiffbau Zeppelin.

Villa Colsman

Wasserstoff und geschwärzte Kinder

„Ich hörte den gewaltigen Knall und sah, aus meinem Büro laufend, eine alles verdeckende schwarze Wolke auf mich zukommen", schreibt Alfred Colsman (1873–1955), zwischen 1908 und 1930 kaufmännischer Direktor und dann Generaldirektor bei Luftschiffbau Zeppelin, über diesen für ihn sehr denkwürdigen Moment am 19. Juli des Jahres 1910. Das Büro befand sich auf dem Werftgelände der Firma

**So geht's zur
Villa Colsman:**

Die Villa steht am Maybachplatz 5.

Zeppelin am Riedlewald, nahe der Dienstwohnung des General-direktors in der Villa Colsman. Seit 1908 residierte die Luft-schiffbau Zeppelin GmbH auf diesem Gelände. Direkt in der Nachbarschaft stand eine Was-serstofffabrik: die Carbonium GmbH, 1909 gegründet, um schneller und kostengünstiger an Wasser-stoff für die Luftschiffe zu kommen. Bis dahin war das Trag-Gas noch aus Berlin herangeschafft worden. Die Frachtkosten aber waren höher als der Wert des Transportguts. Doch die noch so junge Firma wurde nicht alt.

Was war passiert? „Die Friedrichshafener Werft wurde mit einem grö-ßeren Gasometer versehen, doch das Gas zunächst durch eine Rohr-leitung von einer Fabrik bezogen, die auf einem Nachbargrundstück Ruß durch Spaltung von Azetylen in Ruß und Wasserstoff erzeugte", schreibt Colsman. Das war die Carbonium GmbH. „Die Spaltung des Azetylens geschah durch Explosionen in Stahlzylindern", schildert er weiter. Dann, etwas zynisch: „Auch dies Verfahren war wohl nur labo-ratoriumsreif, als nach kurzer Betriebsdauer die Fabrik in die Luft flog." Bilder zeigen Alfred Colsman vor dem Trümmerhaufen, der ein-mal die Wasserstofffabrik war – sogar die beschriebenen Stahlzylinder sind noch zu erkennen.

Von Zynismus allerdings war im Moment der Explosion nichts zu spüren: „Es war einer der Augenblicke, in denen ich schreien musste", erinnert sich der Generaldirektor in seinen Memoiren. „Von meinem Hause war nichts mehr zu sehen, es schien vernichtet. Die Wasser-stofffabrik war offenbar in die Luft geflogen." Tatsache: „Näher kom-mend sah ich, als die Wolke sich lichtete, dass mein Haus stand, dass aber die Carboniumfabrik in Trümmern lag. Leider waren zwei Tote unter den Trümmern", notiert der Generaldirektor. Und die Villa? Die kam glimpflich davon: „In meinem Hause waren Fenster und Türen aufgesprungen und alles war mit feinem Ruß bedeckt. Die Kinder liefen einige Tage geschwärzt herum." Und so steht das prachtvolle Haus, wie viele andere Bauten im Dunstkreis des Zeppelin-Konzerns ein Entwurf des namhaften Architekten Paul Bonatz und 1909/10 errichtet, noch heute an Ort und Stelle. Wo die Carbonium GmbH stand, wurde eine neue Wasserstofffabrik gebaut. Sie produzierte in einem weniger gefährlichen Verfahren.

„Carbonium" hat übrigens auch eine direkte Verbindung mit einem weiteren sehr bekannten Herrn: Claude Dornier. Um die Jahreswende 1913/14 wurde für den talentierten Ingenieur eine eigene Abteilung namens „Do" gegründet. Die Büros, Labors und die Werkstatt waren zunächst im ehemaligen Gaswerk am Rande des Luftschiffgeländes untergebracht, das zwischenzeitlich wiederaufgebaut worden war – der Name „Carbonium" hatte sich aber gehalten. Hier wurde also der Grundstein gelegt für die Leichtbauweise von Flugzeugen ganz aus Metall – und der Name Dornier ging in die Geschichte ein. Ende 1914 zog Dornier dann ans Seemooser Horn.

Colsman lebte noch bis 1931 mit seiner Familie in der Villa, dann zog er zurück in seine Heimat nach Werdohl in Nordrhein-Westfalen, wo er später für kurze Zeit Bürgermeister war. 1930 hatte er sich nach Differenzen mit Hugo Eckener aus dem Zeppelin-Konzern zurückgezogen. Der Zeppelin-Luftschiffbau verkaufte die Villa nach dem Zweiten Weltkrieg an die Stadt.

Julia Blust

81

22

Manfred Sauter vor dem Zeppelinbrunnen.

Zeppelinbrunnen

Ein Büble auf Wanderschaft

Rote Ampeln sind bei Autofahrern bekanntlich nicht besonders beliebt. Doch eine Ampel gibt es, an der das Warten großes Vergnügen bereitet: Sie befindet sich an der T-Kreuzung Riedleparkstraße/ Friedrichstraße. Wer hier aus Richtung Norden kommend anhalten muss, hat nämlich einen hervorragenden Blick auf einen ganz besonderen Brunnen: den Zeppelinbrunnen. Ohne ihn kann man sich den Platz gar nicht vorstellen. Er wirkt, als habe er schon immer hier

gestanden. Dabei hat der Zeppelinbrunnen eine sehr bewegte
Geschichte hinter sich, Teile von
ihm mussten gar auf Wander-
schaft gehen: „Der originale
Zeppelinbrunnen stand auf dem
Kirchplatz und war eines der
wenigen Bauwerke, die den
Krieg überstanden haben",
erzählt Manfred Sauter, der
jahrzehntelang bei Zeppelin

**So geht's zum
Zeppelinbrunnen:**

Der Zeppelinbrunnen steht
auf Höhe der Abzweigung
Riedleparkstraße auf der südlichen Seite der Friedrichstraße.

gearbeitet hat und dem das Unternehmen so sehr ans Herz gewachsen
ist, als wäre es sein eigenes. Die Häfler erzählen sich sogar, dass der
Brunnen nach den Bombenangriffen fast unzerstört aus Schutt und
Asche ragte wie ein Fremdkörper. Und dass es an ein Wunder grenzte,
dass er heil geblieben war.

Nachdem die Stadt zerbombt worden war, musste wiederaufgebaut
werden – und das geschah natürlich in dem Stil, der gerade modern
war. Da passte der üppig ausgestattete Zeppelinbrunnen nicht mehr
ins Bild – zumindest fanden das die Stadtväter. Und eines schönen
Tages, man schrieb das Jahr 1956, ließen sie ihn abbauen. „Doch die
Kugel und die darauf stehende Figur, ein Büble, das ein Luftschiff
der damaligen Zeit in den Händen hält, die wurden aufgehoben", sagt
Manfred Sauter. Fast 50 Jahre ruhten Kugel und Figur im Verborgenen. „Und dann haben die alten Zeppeliner gesagt: Der Zeppelinbrunnen muss wieder her." Also initiierte der Freundeskreis für die
Förderung des Zeppelin-Museums die Rekonstruierung des Brun-
nens nach alten Plänen und suchte und fand, gemeinsam mit der
Stadt, einen würdigen neuen Standort. Eingeweiht wurde der Brunnen am 2. Juli 2000, genau 100 Jahre nach dem ersten Aufstieg eines
Zeppelinluftschiffes. So erfreut der Zeppelinbrunnen nun manchen
Autofahrer und erzählt den Wartenden die Geschichte eines erfolg-
reichen Unternehmers, aber auch von Bombenhagel und einem Leben
im Verborgenen. Und davon, wie schön es ist, nach Jahren im Dun-
keln endlich wieder in der Sonne plätschern zu dürfen.

Eva-Maria Bast

23

Die Figur ist am Laubengang zwischen WYC-Clubrestaurant und Lammgarten befestigt.

Jesus im Baumstamm
Der schönste Ausblick der Stadt

Seine Aussicht ist wahrhaft wundervoll: all die schönen Segelyachten, der See, wie er am frühen Morgen ruhig daliegt, der Säntis am Ufer gegenüber. Genau auf den Gipfel des Berges richtet sich sein Blick, gen Südosten von der Uferstraße aus. Sein „Haus" ist ein hohles Stück Treibholz, ein Baumstamm, in den sich die Figur schmiegt. Sie passt ganz genau hinein – und ist ganz bestimmt nicht zufällig hier hinein geraten.

Viele sind schon achtlos an der Jesusfigur am Yachthafen vorbeiflaniert. Sie hängt am Laubengang, der am Freisitz des Clubrestaurants beim Württembergischen Yachtclub (WYC) beginnt und sich ein gutes Stück Richtung Innenstadt erstreckt. Im Club selbst ist die Figur zwar bekannt – doch woher sie kommt, weiß keiner so genau. Eines Tages hing sie einfach da – und natürlich ließ man sie hängen. Das Werk eines unbekannten Künstlers? Einer, der in seiner Werkstatt die steinerne Figur fertigte, dann nach dem passenden Stück Holz suchte und das Ganze schließlich am Laubengang befestigte? Heimlich, bei Nacht und Nebel? Viele Theorien kursieren über die Figur.

> **So geht's zur Jesusfigur:**
>
> Die Figur hängt neben dem Clubrestaurant des Württembergischen Yachtclubs (WYC) an der Uferstraße 34 am Laubengang, der sich von dort aus bis zum Lammgarten erstreckt.

Wie lange es her ist? Mitte der 1990er-Jahre etwa soll die Figur aufgetaucht sein. Eine ganze Weile hängt der Jesus im Holz also schon dort – und zieht immer wieder neugierige Blicke auf sich. Woher er wohl stammen mag? Könnte er doch bloß sprechen, würde er es sicher verraten. Dann könnte er auch von den vielen Dingen berichten, die er im Lauf der Jahre gesehen hat, dort, an seinem fantastischen Plätzchen mit Aussicht. Viele Seehasenfeste und Kulturufer zum Beispiel hat er betrachtet, unzählige Segelboote auf den See hinausfahren und wieder heimkehren sehen. Er hat Unwetter beobachtet, die sich drüben über den Alpen zusammenbrauten, er hat Ruderern und Kanuten auf ihrer schweißtreibenden Fahrt vorbei an der Fontäne zugesehen.

Das Geheimnis seines Ursprungs allerdings wird dem in Stein gehauenen Herrn kaum zu entlocken sein. Eine Theorie lautet wie folgt: Jemand fand Figur und Treibholz – ob schon zusammengefügt oder nicht, ist unklar, im See. Angespült vermutlich. Doch woher kam die Figur? Dieses Geheimnis wird wohl kaum jemals vollends geklärt werden können. Und so bleibt er dort hängen, der Jesus in seinem Treibholz, richtet seinen Blick gen See und auf die Berge.

Julia Blust

24

Auf Höhe dieses Hauses
zweigte die Mussolinibahn ab.

Bahndamm
Kriegsgüter für Mussolini

Licht fällt durch die Laubbäume und malt lebendige Muster auf den Boden. Vögel zwitschern. Es riecht nach Moos, nach Bäumen, nach Wald. Friedlicher könnte die Stimmung kaum sein. Wer hier, im See-wald, spazieren geht oder Fahrrad fährt, der ahnt nicht, dass er gewissermaßen auf Kriegsspuren wandelt. Denn die Waldwege verlaufen teilweise auf den Bahndämmen der einstigen so genannten Mussolinibahn.

„Das Verbindungsgleis zwischen der Südbahn und der Bodensee-Gürtelbahn wurde im Zweiten Weltkrieg, genauer gesagt: im Jahr 1940, gebaut und zu Kriegszwecken genutzt", erklärt der Friedrichshafener Bahnkenner Karl-Hermann Weidemann. „Die Bahn diente der Versorgung der deutschen und italienischen Armeen mit wichtigen Kriegsgütern." Die Länge der nach dem italienischen Diktator Benito Amilcare Andrea Mussolini (1883–1945) benannten Bahn betrug 3,2 Kilometer und sie verlief westlich des – inzwischen entfernten – Gaskessels. „Am Flugplatz zweigte die Bahnlinie

So geht's zum Bahndamm:

Der Bahndamm zweigte einst auf Höhe der an den Gleisen angebrachten Nummer 194/2 von der Bahnlinie ab und führte in den Wald.
Von Süden erreicht man den ehemaligen Bahndamm, wenn man auf der Ravensburger Straße stadteinwärts fährt. Auf Höhe der kleinen Häuser, die rechts im Wald liegen, führt ein gerader Waldweg in Richtung Straße, quert diese und verschwindet auf der anderen Straßenseite wieder im Wald. Dabei handelt es sich um die Trasse, auf der die Mussolinibahn einst fuhr.

von Ulm kommend ab, überquerte die Ravensburger Straße, führte in den Seewald, zog sich über die Lindauer Straße und mündete dann in die Bodenseegürtelbahn nach Lindau", rekonstruiert Karl-Hermann Weidemann den Streckenverlauf noch ganz genau. Er kennt sogar exakt die Stelle, an der die Mussolinibahn von der Südbahn abzweigte: „Sie führte an den Häusern vorbei, die heute noch an den Bahngleisen zu sehen sind", sagt Weidemann.

Mit Kriegsende wurde die Mussolinibahn nicht mehr benötigt und demontiert. Nur die Bahndämme erinnern noch an das Verbindungsgleis.

Eva-Maria Bast

25

Stefan Köhler, Erster Bürgermeister der Stadt Friedrichshafen, vor dem Flaniersteg aus Sandstein.

Flaniersteg
Mein Plaisir, dein Plaisir

Wer das Wort „Steg" hört, der denkt wohl zuallererst an anlegende Schiffe. Am Bootssteg finden sie ihren Platz, machen Halt. Der prachtvolle Steg aus Sandstein am Schloss Friedrichshafen hat schon bei so manchem Betrachter zu hochgezogenen Augenbrauen geführt. Und jene spontane Gesichtsentgleisung ist in diesem Falle ausnahmsweise nicht ausschließlich der prachtvollen Schönheit dieses Bauwerks geschuldet, sondern der Frage, wie hier jemals Schiffe anlegen konnten? Denn selbst bei sehr hohem Wasserstand ist der Abstand von der Wasseroberfläche zur Stegunterkante auch mit viel Fantasie nicht überwindbar. Und der frühere Schlosshafen, dessen Reste bei Niedrigwasser noch zu sehen sind (siehe Geheimnis 34), war ohnehin ein ganzes Stück weit weg. Der gusseiserne Schlosshafensteg führt etwa 150 Meter an der Schlossmauer entlang dort hin, zur Mole.

Die Lösung des Rätsels: Schiffe aller Art hatten an diesem Steg mit seinen hohen Sandsteinbögen und der reich verzierten Eisenkonstruktion niemals etwas zu suchen. 1874 wurde der Steg errichtet. „Flaniersteg" wird er auch genannt – und schon werden Sinn und Zweck greifbarer. An diesem wunderhübschen Örtchen promenierte und flanierte es sich nämlich ganz hervorragend – und ebenso gut repräsentierte es sich. Der König – seit 1864 Karl I. (1823–1891) – nutzte den Steg also womöglich, flapsig formuliert, auch einfach als Präsentierteller – um, wie es der Schwabe heute liebevoll-ironisch sagen würde, den „Grüßgottonkel" zu geben und Besuchern, die vom Wasser herannahten, zu winken. Oder auch jenen seine Aufwartung zu machen, die lediglich am prachtvollen Schloss vorbeifuhren. Übrigens heißt dieser Flaniersteg auch „Tonplaisir", also „dein Vergnügen". Damit steht der in den See hinausragende Steg in direktem Bezug zu „Monplaisir", einem Aussichtspavillon mit Treppenanlage zum Ufer an der Südwestecke des Schlossareals, der Mitte der 1850er-Jahre gebaut worden war. 1872 dann ließ König Karl I. „Monplaisir" um- und ausbauen. Die Pläne zum Gegenstück, einem weiteren Pavillon an der Südostecke des Areals, stammen wohl von Hofbaumeister Josef von Egle. Dieser Pavillon wurde 1874 gebaut. Der Flaniersteg im Stil der Neurenaissance, dessen Ausgangs-

So geht's zum Flaniersteg:

Der Flaniersteg steht an der Ecke Olga-/Werastraße direkt am Bodenseeufer. Der gusseiserne Steg erstreckt sich von dort aus an der Schlossmauer entlang bis zur Mole.

punkt jener Pavillon bildet, ragt wie eine Landungsbrücke in den See hinein. Diese Anlage erhielt – ganz Pendant eben – den Namen „Tonplaisir". Mein Vergnügen, dein Vergnügen.

Dr. Stefan Köhler, Erster Bürgermeister der Stadt, ist mächtig stolz auf diesen historischen Platz. Zum Stadtjubiläum 2011 hat die Stadt 1,9 Millionen Euro in die Hand genommen, um den gusseisernen Steg und den Uferweg bis zum Horn, wo einst am Schlosshafen tatsächlich Schiffe anlegten, zu sanieren. Zuschüsse gab es in Höhe von 800.000 Euro. „Das Ergebnis überzeugt auf ganzer Linie", freut sich Köhler.

Früher wie heute umgibt dieses Fleckchen Erde am Bodenseeufer eine ganz spezielle Atmosphäre. „Monplaisir" und „Tonplaisir" ist da nicht zu hoch gegriffen – schöne Stunden voller Muße und Vergnügen sind hier naheliegend. Auf diesem Steg promenierten bereits Hoheiten wie Königin Olga (1822–1892) und ihr Gatte Karl I., denn das Haus Württemberg hatte ab 1824 das ehemalige Kloster Hofen als Sommerresidenz bezogen. Ab 1872 zog der Hof dann regelmäßig von Stuttgart an den Bodensee um – und das immer zwischen Mai und September. Olga und Karl empfingen Gäste des europäischen Hochadels. Dieser Tross brachte weitere illustre Gäste mit: „Wer immer es für prestigefördernd hält, sich im Abglanz der ‚High Society' zu sonnen, verbringt in Friedrichshafen seine Ferien. Hier ist der Hauch der großen weiten Welt zu spüren", schreibt Peter Renz in seinem Buch „Friedrichshafen. Eine deutsche Stadt am See".

Tatsächlich begehbar ist nur der gusseiserne Schlosshafensteg, der an der Schlossmauer entlang zur Mole führt. Hier kann der Flaneur auf gelochten Gussplatten direkt über dem Wasser laufen, sofern der Wasserstand entsprechend ist. Der Flaniersteg selbst ist nicht frei zugänglich. Wer gerne vorbeifahrenden Fischern, Ruderbooten oder Tretbootlern winken möchte, kann das – in guter alter „Grüßgottonkel"-Manier – aber auch vom gusseisernen Steg aus tun. Seltsame Reaktionen sind dabei allerdings nicht ausgeschlossen.

Julia Blust

Überbleibsel aus Besatzungszeiten: der Zaun an der Blindow-Schule.

26

Besatzungszeit

Mit weißem Wimpel die Stadt gerettet

Am 29. April 1945 packte Bürgermeister Walter Bärlin ein weißes Taschentuch in seinen Opel und fuhr dem Feind entgegen. Mit ihm zogen Medizinalrat Walter Gmelin, Otto P. W. Hüni, Zeno Diemer, Edmund Mugler, Leo Ott, Werkmeister Dostel, Polizeihauptmann Kaufmann und die Manzeller Landwirte Büchele und Roller. Der Feind, das waren die anrückenden Franzosen, die sich bereits auf Höhe Fischbach befanden. Walter Bärlin und seine Mannen waren der Überzeugung, dass man retten müsse, was noch zu retten war. Sie fuhren, um die Stadt zu „übergeben" und so einen Angriff der Franzosen auf das geschwächte Friedrichshafen zu verhindern. Denn dass die Franzosen an Friedrichshafen ein besonderes Interesse hatten, war allein deshalb schon klar, weil sich im Schloss der Wehrmachtskommandostab des Verteidigungsabschnitts Bodensee befand. Was Bärlin, Gmelin und die anderen taten, war streng verboten: Bereits am 12. April hatte der württembergische Gauleiter und Reichsverteidigungskommissar, Wilhelm Murr, klargemacht, „daß jeder Versuch, die Schließung einer Panzersperre zu verhindern oder eine geschlossene Panzersperre wieder zu öffnen, auf der Stelle mit dem Tode bestraft wird. Ebenso wird mit dem Tode bestraft, wer eine weiße Fahne zeigt. Die Familie der Schuldigen hat außerdem drakonische Strafen zu erwarten." Kreisleiter Seibold

91

Gisela Ackermann mit ihrer Enkelin vor einem der Zaunpfosten.

unterstrich den Befehl mit der Drohung, alle „Defätisten" zu erschießen. Das hielt die Männer nicht ab. In der Zeppelinstraße gelang es ihnen, das Schließen der Panzersperre zu verhindern, also fuhren sie weiter nach Manzell, wo sich eine zweite Sperre befand. Sie war bereits geschlossen, doch Mitglieder des Volkssturmes waren gerade im Begriff, sie zu öffnen. Bärlin und Gmelin halfen mit, bis plötzlich ein französischer Panzer auftauchte und die Deutschen unter Beschuss nahm. „Wir sprangen sofort links und rechts in den Graben (...) Dr. Gmelin band sein weißes Taschentuch an seinen Stecken und winkte damit aus der Deckung dem Panzer zu", schreibt Walter Bärlin später. Die international geltende Geste wirkte: Die Franzosen stellten das Feuer ein. Und Bärlin sagte: „Ich bin der Bürgermeister von Friedrichshafen und bin gekommen, die Stadt zu übergeben." Der französische Offizier soll daraufhin auf die Antenne an seinem Panzer gedeutet und erklärt haben, dass er Flugzeuge angefordert hätte, wenn die Häfler ihre Stadt nicht kampflos übergeben hätten. Und dass es ihnen dann schlecht ergangen wäre. Bärlin packte den Offizier in seinen – inzwischen wegen des Feuers der Franzosen ziemlich durchlöcherten – Opel und fuhr mit ihm in die Stadt. Dr. Gmelin fuhr mit, auf dem Rücksitz stehend, die weiße Fahne schwenkend. Damit hielt er die Häfler, die ihre Waffen im Anschlag hatten, vom Schießen ab. „Nicht schießen! Waffen weglegen! Die Stadt ist übergeben!", soll er immer wieder gerufen haben.

Was mit dem Einmarsch der Franzosen begann, war hart. Zeitzeugen zufolge gab es Vergewaltigungen und Tote. Besonders erinnern sich viele Häfler noch an „die Plünderungen und Zerstörungen", wie der Ur-Häfler Edwin Allgaier sagt. Er, damals ein Bub von zehn Jahren, erlebte den Einmarsch der Franzosen nicht hautnah mit, da er während des Krieges aufs Land geflohen war und erst Tage nach dem Einmarsch zurückkehrte. Aber er erinnert sich noch genau daran, wie er mit seiner Familie heimkam: Die Panzer der Franzosen standen so dicht vor dem Haus, dass Edwin Allgaier kaum hineinkam. Das leerstehende Haus seiner Familie hatten die

Besatzer „durchsucht und durchwühlt und unter Zurücklassung einer großen Unordnung auch manche Sachen einfach mitgehen lassen. Dem ganzen vorgefundenen Zustand nach müssen sie auch ein paar Tage gehaust und genächtigt haben." Der kleine Edwin war froh, wenigstens ins Haus zu können, nachdem er sich an den Panzern vorbeigezwängt hatte. Sah er doch seine Nachbarn mit Leiterwagen durch die Straße ziehen, auf denen sich Kleinmöbel, Bettzeug und Matratzen befanden. Sie mussten ihre Häuser den Besatzern mehr als nur ein paar Tage – nämlich teilweise Jahre – zur Verfügung stellen. Die Familie Allgaier durfte deshalb weiter in ihrem Haus wohnen, weil Teile davon zerbombt waren. Nur eine Nachbarfamilie hatte das Glück, aus ihrem vollständig intakten Heim nicht ausziehen zu müssen. „Das lag daran, dass die Frau fließend französisch sprach", erzählt Allgaier. Alle anderen Nachbarn konnten jedoch schon froh sein, wenn sie ihre Möbelstücke noch auf den Leiterwagen laden durften. Manchmal, schreibt Fritz Maier in seinem Heimatbuch, seien die Möbelstücke, die man zuvor durch den ganzen Krieg gerettet hatte, auf dem Lastwagen abtransportiert oder zu Kleinholz verarbeitet worden. Und manch eine Mutter habe nicht einmal die Windel mitnehmen dürfen, die im Garten zum Trocknen auf der Leine hing.

Die Vertriebenen schliefen in Scheunen oder bei Nachbarn, die sie aufnahmen. Auch die Familie Allgaier öffnete die Türen für die Notleidenden. Und die Garage der Familie beschlagnahmten die Franzosen, um dort ein Fahrzeug zu reparieren, das exakt gleich aussah wie jenes, das die Allgaiers vor dem Krieg besessen hatten.

Und dann wurde ein Marokkaner im Haus einquartiert. „Der war aber selten da", sagt Allgaier, der sich noch gut daran erinnert, dass der marokkanische Soldat deutsches Spielzeug sammelte. Spielzeug interessierte freilich auch den jungen Edwin Allgaier sehr. Und der Krieg bot den fantasiebegabten Kindern hier viele Möglichkeiten: „Beim Siegesfeuerwerk der Franzosen wurden Leuchtraketen verschossen, die an kleinen Fallschirmen niedergingen. Wir sammelten sie und gaben sie zu Hause ab, weil das Seidenmaterial sich gut für Taschentücher eignete, oder man behängte sie mit irgendwelchen Sachen und ließ sie so von der Bühne aus auf die Erde segeln." Spannend sei auch das Graben in den Trümmerhaufen gewesen, vor allem im Bereich des damaligen Städtischen Museums. Dort lagen in den Trümmern verbrannte und verkohlte Museumsgegen-

Edwin Allgaier vor dem Haus seiner Kindheit.

stände aller Art, zum Beispiel alte Waffen wie Säbel, Gewehre, Lanzen. „Wir wunderten uns nur, dass niemand von den Oberen gekommen war, um sie zu bergen und zu sichern", erzählt Allgaier.

Und dann ging auch für Edwin Allgaier die Schule wieder los – sehr zu seinem Ärger. An Ausreden zum Schwänzen oder zu spät Kommen mangelte es ihm aber nicht, führte sein Schulweg doch an einer täglich stattfindenden Festzeremonie der Franzosen vorbei, „die den ganzen Verkehr lahmlegte. Unser Lehrer stimmte zu, dass wir lieber zu spät kommen sollten, als vor der französischen Fahne strammzustehen." Edwin Allgaier hatte noch eine weitere Ausrede für das Zuspätkommen: Da es zu wenig Raum für all die Schüler gab, fand der Unterricht in mehreren Gebäuden statt, und auf dem Weg vom einen zum anderen ging viel Zeit verloren. Wobei zumindest einer der Lehrer, August Bertsch, ebenso hetzte wie die Kinder. Denn Bertsch musste immer zwischen Schule und Rathaus hin- und hereilen: Er war Bürgermeister, nachdem Bärlin wegen Nichteinhaltung französischer Befehle abgesetzt worden war. Dazu gekommen war Bertsch wahrlich wie die Jungfrau zum Kinde: Er war eigentlich nur in die Kommandantur gegangen, weil er seine Schule wieder öffnen wollte. Statt einer Antwort befahl man ihm: „Sie machen jetzt den Bürgermeister hier."

Die Ur-Häflerin Gisela Ackermann hatte, wie auch Edwin Allgaier, das Glück, ihr Haus nicht verlassen zu müssen, um den Franzosen Platz zu machen. „Unser Haus war halb kaputt und sie wollten nur schöne Häuser", erklärt sie. Die Soldaten kamen dennoch und wollten die Matratzen beschlagnahmen. „Ich habe so geheult, weil der Soldat mir mein Bett nehmen wollte. Und dann hat er zu meinem Onkel gesagt, dass er die Matratze nur für diese eine Nacht braucht und ihm gezeigt, wo wir sie am nächsten Tag wieder holen können." Der Onkel holte die Matratzen tatsächlich wieder, Gisela Ackermann kam mit und erhielt eine ganze Dose Kekse. „Das war wie Weihnachten."

Besonders gut erinnert sich Gisela Ackermann, die damals noch ein Mädchen war, an die Kinder der französischen Besatzer. „Der Schulhof war in der Mitte geteilt", erzählt sie. „Rechts waren die Franzosenkinder, links waren wir." Kontakt gab es keinen, schon gar nicht innerhalb des Schulgebäudes: Mitten durch den Gang habe sich eine Sperre gezogen, die eine Begegnung zwischen den deutschen und den französischen Kindern unmöglich machte. Aber den einen oder anderen Blick auf die Franzosenkinder vermochte die kleine Gisela durchaus zu erhaschen. „Wir haben uns immer gewundert, dass die Franzosenkinder mitten im Winter Kniestrümpfe angehabt haben. Wir in unseren Strumpfhosen haben ja schon gefroren und die liefen mit nackten Knien herum." Besonders skurril, erinnert sich Gisela Ackermann, habe das ausgesehen, wenn die Kinder sich verletzt hatten. „Dann bekamen die immer eine rote Tinktur aufgepinselt, das sah zu den weißen Kniestrümpfen komisch aus." Außerhalb der Schule gab es hingegen schon direkte Begegnungen zwischen den deutschen und den französischen Kindern: „Drei Häuser weiter unten haben Franzosen gewohnt, die Mädchen haben immer mit uns gespielt", sagt die Häflerin. Als die Familie, die bei Gisela Ackermann in der Straße wohnte, fortzog, schenkte eines der Mädchen ihr eine kleine Tasche, eine Muschel und ein Bild. Die Muschel hat Gisela Ackermann heute noch. Ansonsten sind die Erinnerungen an die französische Besatzung verblasst. Gisela Ackermann geht allerdings noch oft an den Gebäuden vorbei, in denen die französischen Hubschrauber- und Düsenjäger-Divisionen und eine Kantine für die Franzosen untergebracht waren und in denen sich heute die Blindow-Schule befindet. Noch immer stehen hier hohe Zaunpfähle, teilweise ist sogar noch der Zaun erhalten, der das Gebiet abgrenzte. Und Edwin Allgaier lebt im Haus der Erinnerungen: Er wohnt in dem Gebäude, in dem die Franzosen ein paar Tage gehaust hatten. Und in dem der marokkanische Soldat Unterschlupf fand, der deutsche Spielzeuge so liebte.

Eva-Maria Bast

So geht's zu den Überbleibseln aus der Besatzungszeit:

Der Zaun, der die französische Kaserne einst umgab, verläuft um das Gelände der Blindow-Schule in der Allmansweilerstraße 104.
Das Haus von Edwin Allgaier steht in der Georgstraße 8.

Ernst Haller, Fischbacher Geschichtskenner,
auf der Brücke über den Lipbach, die im
Naturschutzgebiet liegt.

Grenzbach
Ein scheuendes Pferd

Napoleon, ein gar störrischer Schimmel und ein winterlicher Ausflug: Was dieser eher unscheinbare Wasserlauf zwischen Fischbach und Immenstaad alles zur Geschichtsschreibung beigetragen hat, sieht ihm der Betrachter beim besten Willen nicht an. Der französische Kaiser Napoleon I. (1769–1821) ordnete ab 1805 die Territorien in Deutschland neu. „Großherzog Karl Friedrich von Baden und Friedrich II. Herzog von Württemberg unterstützten Napoleon bei einem Krieg gegen die Österreicher und wurden dafür belohnt. Zum Jahresende 1806 war Baden flächenmäßig mehr als viermal so groß wie 1802, das Staatsgebiet Württembergs hatte sich verdoppelt", berichtet Ernst Haller, versierter Fischbacher Geschichtskenner, Buchautor und ehemaliger Geschäftsführer der Messe Friedrichshafen. „Den beiden war klar: Die Zukunft liegt bei Napoleon." Im Juni 1804 wurden Hofen und das ehemalige Kloster für zwei Jahre österreichisch, Fischbach gehörte schon seit etwa 1500 zur Land-

vogtei Schwaben und damit zu Vorderösterreich. 1805 kam Fischbach dann zu Württemberg und wurde Grenzort zu Baden.

Im Zuge der Napoleonischen Neuordnung – avisiert waren ein Königreich Württemberg und ein Großherzogtum Baden – wurde diese Grenze geschaffen. Dass der unscheinbare Lipbach genau hier verlief, passte perfekt – und so wurde das Bächlein zur natürlichen Grenze erklärt. Auf den Pfaden, die heute noch am Bachufer verlaufen, patrouillierten also die Grenzer ab diesem Zeitpunkt, schließlich vertrat jede Seite

So geht's zur Brücke über den Lipbach:

Die Brücke, über die Hansjakob mit der Kutsche fahren wollte, befand sich dort, wo heute die Bundesstraße verläuft. Der Lipbach fließt auf Höhe der Ziegelei Grenzhof zwischen Fischbach und Immenstaad und mündet dort auch in den Bodensee. Eine zweite Brücke befindet sich heute noch hinter der Ziegelei im Naturschutzgebiet.

fortan hier ihre Interessen. Eine alte Brücke über den Bach steht im heutigen Naturschutzgebiet hinter der alten Ziegelei, dem früheren Grenzhof. Ein weiterer Grenzübergang verlief auf Höhe der heutigen Bundesstraße. „Man hatte zwar nichts gegeneinander, aber befreundet war man auch nicht gerade", schildert Haller das damalige Verhältnis zwischen Badenern und Württembergern. An der Mündung des Bachs in den Bodensee kontrollierten die Grenzer auch den See selbst, erläutert der Geschichtskenner. „Die führenden Zollaufseher durften hier auch Häuser bauen, das waren die so genannten Zollhäuser", berichtet Haller. „Außerhalb des Ortes – das wäre sonst nie denkbar gewesen!"

Und eben an jener neuen Grenze zwischen Württemberg und Baden trug sich Jahre später an der Brücke auf Höhe der Bundesstraße ein für Mensch und Tier denkwürdiges Ereignis zu. Ernst Haller ist im Zuge seiner Recherchen für die umfangreiche Fischbacher Chronik, die 2014 erscheint, auf die Geschichte gestoßen. „Der Hagnauer Pfarrer Heinrich Hansjakob kam einmal die Woche nach Friedrichshafen zum Stammtisch mit anderen Pfarrern", erzählt Haller. „Er kaufte dann hier auch immer Fleisch ein – zu dieser Zeit gab es in Hagnau keine Metzgerei." Zurück nach Hagnau fuhr er in der Regel mit dem Schiff und transportierte so auch das Fleisch. Aber im Winter oder wenn es stürmisch war, musste Hansjakob, der von 1869 bis 1883 in Hagnau Pfarrer war, auf andere Verkehrsmittel ausweichen, denn dann fuhr das Schiff nicht. „In Hofen kannte Hansjakob einen Kutscher, zu dem er ging und in solchen Fällen sagte: ‚Fahr mich nach Hagnau‘.“

Der Kutscher fuhr Hansjakob also mit dem Pferdeschlitten in Richtung Grenzbach. Und an eben jener Brücke scheuten die Gäule jedes Mal ganz plötzlich. „Mehr als einmal, schreibt Hansjakob, habe das Pferd den Schlitten umgeworfen“, erzählt Haller. Ob es wohl nicht ins Badische wollte? Schließlich stand an der Brücke über den Grenzbach ein großes Schild: „Baden“. Hansjakob selbst stellte genau diese Theorie auf: „Dieser Schimmel war zeitweise ausgesprochener württembergischer Partikularist und musste wissen, dass es im Schwäbischen in vielen Dingen besser sei, als im Badischen. Sobald er dann merkte, dass es dem Badischen zugehe, wollte er um jeden Preis umkehren.“ Hansjakob jedenfalls musste sein Fleisch im Schnee mühsam aufsammeln und den Weg nach Hagnau zu Fuß zurücklegen – denn der Gaul ließ sich tatsächlich nicht dazu bringen, die Brücke zu überqueren.

Ernst Haller hat sich inzwischen schlau gemacht, warum das Pferd den Übergang nach Baden so sehr fürchtete. Mit tierisch-württembergischer Heimatliebe hat das natürlich rein gar nichts zu tun. „Pferdeexperten haben mir erklärt, dass die Tiere gerne vor Brückengeländern scheuen, wenn sie das nicht gewohnt sind. Sie gehen einfach nicht gerne über Brücken“, sagt Haller. Heinrich Hansjakob freilich wusste das damals nicht. „Ich nahm mein Fleisch unter den Arm und zog beschämt meiner Heimat zu, der Schwabe aber mit seinem Schimmel der seinigen, wo der letztere wiehernd, wie im Hohngelächter, und im schärfsten Trab dahinflog.“

Die Lipbachmündung ist seit 1982 Naturschutzgebiet. Wo also einst Grenzer patrouillierten, darf die Natur heute frei gedeihen. Und ein Stückchen weiter vorn, wo das bockige Pferd den Hagnauer Pfarrer ärgerte, verläuft heute die Bundesstraße. Und so passieren täglich tausende Autos die damalige Grenze – und das ganz ohne störrische Reaktionen.

Julia Blust

Ein erfrischendes Denkmal für das Königspaar.

Karl-Olga-Brunnen
Plätschernde Erinnerung

Eine zutiefst sozial eingestellte, starke Frau, prunkvolles Hofleben und ein König, der Württemberg sowohl liberal als auch sehr zurückhaltend regierte und zudem noch den Herren der Schöpfung mehr zugetan war als seiner Gattin: Die Ereignisse, an die der schmucke Brunnen nahe des Graf-Zeppelin-Hauses erinnert, sind ebenso dramatisch wie historisch bedeutsam. Das 1886 errichtete Denkmal im Renaissance-Stil wurde zu Ehren des württembergischen Königspaars Karl I. (1823–1891) und Olga (1822–1892) errichtet. Das Paar pflegte neben der bekannten Stuttgarter Villa Berg auch im Friedrichshafener Schloss zu weilen – vornehmlich nutzte es das Schloss als Sommerresidenz, die Karl und Olga, wenn sie anwesend waren, zu blühendem höfischen Leben erweckten. Wie überall im Württembergischen war besonders Olga auch in Friedrichshafen sehr

**So geht's zum
Karl-Olga-Brunnen:**

Der Brunnen befindet sich
am Eingang der Unterfüh-
rung an der Kreuzung Olga-/
Friedrichstraße beim Graf-
Zeppelin-Haus, wo die Uferstraße beginnt.

beliebt – und das nicht erst, als sie 1864 nach dem Tod ihres Schwie-gervaters mit ihrem Gatten Karl den Thron bestieg. Sie hat den Häf-lern auch den Riedlewald gerettet, indem sie ihn einfach kaufte und ihn damit vor der Abholzung bewahrte. Man bewunderte Olgas Auftreten, das, wie Freifrau Hilde-gard von Spitzemberg in ihrem Tagebuch vermerkt, „königlich vom Scheitel bis zur Zehe in ihrem ganzen Wesen und Gebaren" war. Außerdem engagierte sie sich auch am Bodensee sozial und die Häfler Kinder hatten ihr zahlreiche Feste zu ver-danken. Mit einem eigenen Kind war die Ehe zwischen Olga und Karl nicht gesegnet, aber ein Jahr vor der Thronbesteigung nahm das Kronprinzen-paar Olgas russische Nichte Wera bei sich auf, die beide wie eine Tochter liebten. Und als Wera später Kinder bekam, waren König und Königin den Kleinen zugetan, als handle es sich um die eigenen Enkel.

Olga war wohl das, was man als einen Menschen mit Herz und Verstand bezeichnet. Im Gegensatz zu ihrem Gatten, der eher als weich und zöger-lich galt, wusste sie durchzusetzen, was ihr am Herzen lag, zum Beispiel ihre zahlreichen sozialen Projekte. Sie unterstützte bestehende Einrich-tungen und gründete neue, sie sorgte für Behinderte und Kriegsverwun-dete und sie nahm sich der Bildung und Erziehung von Mädchen an. Fürst Gortschakoff, russischer Kanzler und zeitweise als russischer Gesandter in Württemberg tätig, soll Olga einmal als „einzigen Mann am Stuttgarter Hof" bezeichnet haben.

Übrigens befand sich in Friedrichshafen nicht nur die königliche Som-merresidenz, sondern auch der Flucht-Eisenbahn-Wagen von König Karl, ausgestattet mit eineinhalb Millionen Gulden und allerlei Silbergegen-ständen. Karl, der das Land in eine liberalere Politik geführt hatte, geriet nämlich immer mehr in die Kritik und wollte sich die Möglichkeit eines schnellen Abgangs sichern: Mit Bismarck gab es ernsthafte Spannungen, weil Württemberg die Auflösung des Deutschen Bundes anerkannt und ein geheimes Schutz- und Trutzbündnis mit Preußen geschlossen hatte, sich aber weiter antipreußisch gab. Außerdem zog sich Karl immer weiter aus der Politik zurück – und das nahm man ihm übel: Als Württemberg sich im November 1870 als letztes Land dem Norddeutschen Bund anschloss und an der Seite Preußens in den Deutsch-Französischen Krieg zog, weilte der König in Friedrichshafen. Das Schloss am See war nicht der einzige Rückzugsort: Gern reiste Seine Majestät auch nach Nizza und verbrachte die Tage lieber mit seinem jeweiligen Geliebten, als seinen Pflichten nachzukommen. Die nicht unterschriebenen Dokumente sollen sich zeitweise auf 800 Stück belaufen haben. Als Württemberg 1871 ein Bundesstaat des Deutschen Reichs wurde, verlor das Land ohnehin an Souveränität und Bedeutung, Karls Stern geriet weiter ins Sinken. Zum Glück hatte Württemberg mit Hermann von Mittnacht (siehe Geheimnis 40) einen sehr fähigen Ministerpräsidenten, den Karl gewissermaßen schalten und walten ließ. Immer mehr gab er sich der Kunst, der Musik und seinen Liebschaften hin. Der Reigen seiner Geliebten begann mit dem Generaladjutanten Freiherr Wilhelm von Spitzemberg, setzte sich mit Richard Jackson aus Cincinnati, dem Sekretär des Konsulats der Vereinigten Staaten von Amerika, fort und gipfelte 1883 in der Beziehung zum dem 30-jährigen Amerikaner Charles Woodcock. Mit ihm zeigte sich Karl auch in der Öffentlichkeit, ernannte ihn erst zum Kammerherrn, dann zum Baron Woodcock-Savage und beglückte ihn mit einem stattlichen Vermögen. Woodcocks Einfluss auf den König war groß, das nahm man ihm allgemein übel, es kam zu einem Skandal, teils war sogar von einer Absetzung des Königs die Rede. Karl gab die Beziehung zu Woodcock schließlich auf. 1889 liierte er sich mit dem Maschinenmeister des Hoftheaters, Wilhelm George, mit dem er bis zu seinem Tod zwei Jahre später zusammenblieb.

Trotz aller Schwierigkeiten brachte Olga ihrem Mann Wertschätzung entgegen. Das Sinken des königlichen Sterns bereitete aber auch ihr Schwierigkeiten, ebenso wie Karls Launenhaftigkeit und Schwäche in den letzten Ehejahren. Nach seinem Tod zog die Witwe nach Friedrichshafen, wo sie nach einem Jahr ebenfalls das Zeitliche segnete. Beide fanden in der Gruft des Alten Schlosses in Stuttgart ihre letzte Ruhestätte – und in dem plätschernden Brunnen in Friedrichshafen ein würdiges Denkmal.

Eva-Maria Bast

29

Deutlich zu erkennen ist die „Tempelfront": Die rot gestrichenen Pfeiler fassen die Pfeiler in der Mitte ein und bilden so die tempelartige, mächtige Front des Gebäudes.

Heizhaus

Große Architektur zwischen allen Stühlen

Was hat die Stuttgarter Liederhalle mit Friedrichshafen zu tun? Und wie kann ein Schornstein Architekturgeschichte schreiben? Die Antwort auf diese Fragen findet sich im Fallenbrunnen, mitten in der einstigen Kaserne. Dort steht ein hoch aufragender, auffälliger Zweckbau: das Heizhaus, das Architekt Rolf Gutbrod (1910–1999) vermutlich 1937 innerhalb einer Reihe mehrerer Gebäude hier baute. Später machte sich der Architekt unter anderem mit der Stuttgarter Liederhalle, dem bekannten Konzerthaus und Kongresszentrum in der Landeshauptstadt, einen Namen. Der Zweck des Heizhauses liegt auf der Hand: Von hier aus wurden die Unterkünfte auf dem Gelände der Flakkaserne mit Wärme versorgt.

Das Besondere an diesem Heizhaus: Es ist einerseits Gutbrods Initialwerk und andererseits herausragende Architektur in mehrerer Hinsicht. „Es gibt nicht viele Gebäude, die so zwischen allen Stühlen stehen – es vereint Architekturströmungen ganz unterschiedlicher Art", sagt Dr. Roman Hillmann, Architekturhistoriker aus Berlin, der sich seit einiger Zeit eingehend mit dem Werk Rolf Gutbrods und dem Heizhaus am Fallenbrunnen beschäftigt. Der Experte erkennt im Heizhaus, diesem Zweckbau, der lange Zeit von Bäumen und Büschen zugewuchert war, „Bezüge zwischen moderner Architektur, traditionalistischer Architektur, NS-Architektur, organischer Architektur und Nachkriegsmoderne".

Doch der Reihe nach: Das Heizhaus, das heute unter Denkmalschutz steht, zählt zu den ersten Entwürfen des damals jungen Architekten – Rolf Gutbrod war erst Mitte 20, als er den vielschichtigen Bau ent-warf. „Das war nicht sein 98. Auf-trag oder sein 150., sondern das waren seine Anfänge – und die waren hier in Friedrichshafen", sagt Dr. Stefan Köhler, Erster Bür-germeister der Stadt Friedrichsha-fen – dass dem Bürgermeister das Heizhaus am Herzen liegt, merkt man sofort. Deshalb hat er mit dem Bau auch Pläne. „Industriedenk-mäler kann man nur erhalten, wenn sie auch genutzt werden", lautet Köhlers Prämisse. Aus die-sem Grund hat er sich vorgenom-men, das Heizhaus aus seinem „Dornröschenschlaf" zu wecken und es einer neuen Nutzung zuzu-führen. Einer der ersten Schritte

Vor dem Heizhaus am Fallen-brunnen wirkt Stefan Köhler geradezu winzig.

war es, das schöne Stück Architektur erstmal richtig sichtbar zu machen – denn über die Jahre hatte die Botanik im Umfeld ganze Arbeit geleis-tet. Im Frühjahr 2012 wurden erste Büsche entfernt.

Wer nah vor dem hoch aufragenden Heizhaus steht, den Kopf in den Nacken legt und den Blick nach oben richtet, fühlt sich an einen Tempel erinnert. Und tatsächlich: „Das ist eine Tempelfront", bestätigt Architek-turhistoriker Roman Hillmann. Diese Tempel-Architektur wiederum ist der Zeit geschuldet, in der das Gebäude errichtet wurde: Es handelt sich um typische NS-Architektur. Die beiden heute rot gestrichenen breiten

Pfeiler links und rechts fassen die schmaleren Pfeiler in der Mitte ein und bilden so die tempelartige, mächtige Front des Gebäudes – ein typisches Motiv. Allerdings – und das ist das Spannende an diesem Zweckbau: „Gutbrod hat Asymmetrien mit der Front kombiniert", wie Hillmann ausführt. Der Clou daran: Nationalsozialistische Architektur verabscheute alles Asymmetrische. Der Schornstein im hinteren Teil des Heizhauses ist jedoch außerhalb der Achse gesetzt. „Die Architekten der NS-Zeit haben ganze Industrieanlagen daraufhin komponiert, dass der Schornstein genau in der Achse steht", erläutert Hillmann. Durch diese hierarchische Komposition sollten Industrieanlagen die Stärke der Nazis symbolisieren. Gutbrods Schornstein hingegen schafft durch seine asymmetrische Position einen spannungsvollen Bezug zum Vorderteil des Gebäudes – „und das ist typisch Moderne", sagt der Experte. Kann es Zufall sein, dass der Schornstein so angelegt ist? Mitnichten. Denn in den Bauplänen ist deutlich zu erkennen, wie unsinnig die Positionierung des Schornsteins an dieser Stelle eigentlich ist: Die Rauchabführung, die sich an die Heizkessel anschließt, muss einen enormen Umweg auf sich nehmen, bis sie in den Schornstein mündet. „Das geht ja mehrfach um die Ecke – so ungünstig wie nur was", kommentiert Roman Hillmann. Das bestätigte ihm auch Dr. Michael Hascher, Spezialist für technische Denkmale in Baden-Württemberg. Eigentlich soll Rauch ja so schnell wie möglich aus dem Gebäude geführt werden. Der Rückschluss daraus: „Gutbrod war es so wichtig, dass der Schornstein außerhalb der Achse steht, dass er etwas technisch Problematisches gemacht hat. So entsteht hier große Architektur." Ein Zufall ist also ausgeschlossen. Alle Unterlagen sind im Übrigen verschwunden – das kommt bei Militärakten leider durchaus vor. Also ist das „Lesen" des Gebäudes die einzige Möglichkeit, Rückschlüsse auf die Intention des Architekten zu ziehen.

Ein bemerkenswertes Detail: Der Schornstein befindet sich außerhalb der Achse.

Auffällig am Heizhaus ist zudem, dass sich von außen schnell erschließt, was im Inneren passiert – die Architektur greift also den Zweck des Gebäudes auf. „Die Betonstrukturen außen tragen die Behälter im Inneren", erklärt der Architekturhistoriker. Dort befin-

So geht's zum Heizhaus:

Das Heizhaus steht am Fallenbrunnen 12.

den sich drei große Schüttbehälter, die viele tausend Tonnen Kohlen fassten, schließlich war das zu beheizende Gelände groß.

Eine weitere Verbindung gibt es zwischen Gutbrod und Rudolf Steiner, dem Begründer der Anthroposophie. Gutbrod selbst war Waldorfschüler. Architekturhistoriker Hillmann ist überzeugt davon, dass er während seiner Schulzeit etwas vom zweiten Dornacher Goetheanum gehört haben muss. Das Goetheanum nahe Basel ist Sitz und Tagungsort der „Anthroposophischen Gesellschaft" und wurde 1928 eröffnet. Der Entwurf stammt von Rudolf Steiner. Hillmann sieht die Verbindung in den stark plastischen, expressiven Sichtbetonstrukturen am und im Heizhaus am Fallenbrunnen. „In solcher Gestaltungsqualität ist das damals nur selten anzutreffen", sagt er. Weitere Elemente der Architektur sind dem eher romantisierenden Heimatstil entnommen – die Form der Fenster und die Balkenköpfe unter der Dachkante zum Beispiel.

Flakkaserne, Anthroposophie, das Tempel-Motiv der Nazis, Heimatstil, Moderne – „zwischen allen Stühlen" trifft es wirklich perfekt. Gerade das macht das Gebäude aber so bezugsreich und dadurch spannend. Und welch´ große Architektur da jahrelang im „Dornröschenschlaf" schlummerte, war lange Zeit nur wenigen bewusst. Was aus dem Heizhaus wohl wird in den kommenden Jahren? Die Stadt als Eigentümer möchte es als offene „Plattform" entwickeln und sieht für eine Ideenfindung und Vorentwürfe einen Wettbewerb vor. Sicher wird sich hier eine kreative Nutzung finden, kündet das Heizhaus doch von der großen Freiheit eines jungen Architekten, der klug verschiedene Stile mischte und so einen Zweckbau schuf, der seinesgleichen sucht.

Julia Blust

30

Hartmut Semmler
neben dem Miettinger-
Grabstein.

Miettinger-Grab

Verdienter Stadtschultheiß ruht in Frieden

Er hat viel für die Stadt bewegt. Doch längst ist sein Ruhm verblasst, lang schon sein Wirken vergessen. Nur ein Grabstein auf dem Alten Friedhof erinnert noch an Edmund Miettinger (1815–1885), der von 1849 bis zum seinem Tod im Oktober 1885 Stadtschultheiß war und „die mageren und die fetten Jahre mit der Bürgerschaft geteilt und getragen" hat. Das zumindest schrieb das Seeblatt anlässlich der Festivitäten, die 35 Jahre nach Miettingers Amtsantritt „präcis ½ 8 Uhr" begannen. Es war ein Fest, das „aus dem Schoße der hiesigen Bürgerschaft" gewünscht wurde. „Ein 35-jähriges Dienstjubiläum war auch damals nicht üblich", erzählt Dr. Hartmut Semmler vom Stadtarchiv. Dass man es dennoch begangen hat, zeige, wie hoch die Häfler ihren Schultes schätzten. Der

„H. Stadtbaumeister und Stadtrat Miller" sagte damals: „Allein es kommt nicht an auf die Zahl der Jahre, sondern wie ein Amt geführt und ausgeführt" wird an.

„Miettinger hat sich sehr um das Sozial- und Bildungswesen verdient gemacht", berichtet Semmler. Während der Amtszeit des Vaters von fünf Töchtern entstanden Schulen und, als gesellschaft-

So geht's zum Miettinger-Grab:

Der Grabstein befindet sich auf dem Alten Friedhof in der Brunnenstraße 4. Das Grab liegt nahe der Friedhofsmauer gegenüber der Eingangstür zur Friedhofskapelle.

licher Mittelpunkt, das Kurhaus am See. Außerdem habe er den Bau einer Kapelle auf dem Kirchenhof vorangetrieben, „in welcher wir uns oft im Gebet mit den lieben Dahingeschiedenen vereinen", wie „Hr. Stadtpfarrer Ege" laut Seeblatt bei den Feierlichkeiten gesagt hat. Auch um das Spital war Miettinger bemüht: Er betraute „die Engel des Friedens, die barmherzigen Schwestern", mit der Pflege der Kranken.

Das 35. Dienstjubiläum sei auch deshalb ein so wichtiges und bedeutsames Fest gewesen, weil noch nie zuvor ein Bürgermeister in Buchhorn oder Friedrichshafen so lange im Amt war, „denn im demokratischen Staat Buchhorn war der Bürgermeister nur auf ein Jahr, während der bayerischen Herrschaft auf acht Jahre gewählt und von 1811–1848 waren es vier Stadtschultheißen, welche der Stadt Friedrichshafen vorgestanden sind", schreibt das Seeblatt.

Auch beim württembergischen König muss der Stadtschultheiß wohlgelitten gewesen sein. „Schmückt doch die Brust des verehrten Hrn. Jubilars der Friedrichsorden, verliehen von Sr. Maj. dem König." Die Hoheit, mutmaßte das Seeblatt, werde „erfreut sein, zu hören, wie die Stadt bereit ist, das Verdienst anzuerkennen und zu ehren".

Und so vermittelt die Biografie des verdienten Stadtschultheißen einen späten Nachklang des wechselvollen Schicksals einer ehemaligen Freien Reichsstadt am Ufer des Bodensees.

Eva-Maria Bast

31

Heute liegen vor der so genannten Dorniermole Segel-
schiffe. Die Landzunge, die ins Wasser ragt, wurde
während des Zweiten Weltkriegs künstlich aufgeschüttet.

Dorniermole

Torpedos am Badestrand

Ein Stück Land, wie es ein Maler nicht schöner ersinnen könnte: Dicht
wachsen die Bäume und Sträucher, kontrastreich zeichnet sich das
tiefblaue Wasser ab. Welch´ Idyll, das an der so genannten Dorniermole zwischen Fischbach und Immenstaad vorzufinden ist! Jedoch:
Wo heute ein Naturbadestrand zum Verweilen einlädt, wo Segelboote
vor romantischer Kulisse sanft von den leichten Wellen geschaukelt
werden, jagten vor 70 Jahren Torpedos durchs Wasser – kaum vorstellbar aus heutiger Sicht.

Die Mole nahe der Lipbach-Mündung (siehe Geheimnis 27) ist nämlich
kein natürliches Stück Land. Wie die Bezeichnung „Mole" es eben

Kaum vorstellbar, dass in diesem Idyll einst Torpedos durchs Wasser schossen.

schon sagt: Diese ins Wasser ragende Landzunge wurde künstlich aufgeschüttet. Sinn und Zweck: Im früheren „Seewerk" der Luftschiffbau Zeppelin sollten während des Zweiten Weltkriegs im Auftrag der Luftwaffe Flugzeugtorpedos und Seeminen getestet und eingeschossen werden. Das Reichsluftfahrtministerium beauftragte den Zeppelin-Luftschiffbau im Januar 1943 mit der Planung und Erstellung einer entsprechenden Anlage. Auf knapp 20 Hektar Wiesen – die Landwirte waren enteignet worden – wurden schließlich Werkshallen und Unterkünfte für Arbeiter errichtet. Auch der Bahnanschluss, das so genannte „Dornier-Gleis", wurde zu diesem Zeitpunkt gebaut. Ludwig Dürr, Direktor des Luftschiffbaus, warnte noch davor, das als „Geheimsache" eingestufte Projekt könne von der anderen Seeseite aus der Schweiz ohne Probleme ausgespäht werden – gehört wurde er nicht. Im Dezember 1943 schossen die ersten Torpedos durchs Bodenseewasser. Da der Schießstand auf dem Kopf der Mole noch nicht fertig war, wurde zunächst von einem Schiff aus geschossen. Sechs Kilometer maß die Schussbahn unter Wasser. Vor dem Schloss Friedrichshafen

So geht's zur Dorniermole:

Die Mole erstreckt sich nahe der Lipbach-Mündung in den See. Der vordere Teil der Mole ist über ein Drehkreuz zugänglich. Die Vogelinseln, die seit der Renaturierung den hinteren Teil der Mole bilden, sind nicht zugänglich.

wurden die Torpedos mit einem Netz aus stählernen Maschen abgefangen, Taucher bargen sie anschließend.

Diese unrühmliche Zeit war schnell zu Ende: Amerikanische Flugzeuge zerbombten das „Seewerk" beim Luftangriff am 24. April 1944. Seither wurden immer wieder Torpedos und Seeminen gefunden und entschärft. 1956 dann erwarb die Firma Dornier das Gelände, zwischenzeitlich hatte die französische Besatzungsmacht die Hallen als Werkstätte genutzt.

Mancher erinnert sich heute noch an die Trümmer, die in der Nachkriegszeit vor der Mole im Wasser lagen. Aus dem einst zu Rüstungszwecken aufgeschütteten Stück Land ist jedoch inzwischen ein beliebter Badeplatz geworden, Taucher erkunden von hier aus den See, Vögel brüten auf der Mole, das Idyll ist perfekt. Von Torpedos ist hier heute – zum Glück – keine Spur mehr.

Julia Blust

Büchelmeier vor dem Gebäude, das
em Grundriss des einstigen Wohn-
es der Famillie Kober erbaut wurde.

32

Wohnkomplex

Gebaut auf den Wurzeln der Genialität

Es wirkt eigentlich nicht sonderlich geheimnisvoll, das große Wohngebäude an der Werastraße, über die der Verkehr von Westen her nach Friedrichshafen fließt. Doch wenn man Alt-OB Josef Büchelmeier nach einem echten Häfler Geheimnis fragt, dann führt er einen genau zu diesem Haus. Es wurde nämlich, erzählt Josef Büchelmeier, exakt auf dem Grundriss jenes Gebäudes erbaut, in dem eine ganz besondere Frau aufwuchs: Ilse Essers (1898–1994). Und auch der Garten sei noch der gleiche wie jener, in dem Ilse Essers, die damals noch Ilse Kober hieß, einst spielte. Ein kleines Mädchen mit einem enormen technischen Verständnis. Ein Mädchen, das, als es erwachsen wurde, seinen Weg in einer von Männern beherrschten Welt zu gehen wusste und, wie Büchelmeier erzählt, als erste Frau an der Technischen Hochschule Berlin in der Fakultät Maschinenwesen den Doktor der Ingenieurwissenschaften machte.

111

So geht's zum Wohnkomplex:

Der Wohnkomplex, der auf dem Grundriss der Villa der Familie Kober erbaut wurde, steht in der Werastraße 13/1, Ecke Schmidstraße.

Denn Ilse Kober hatte die technische Genialität ihres Vaters Theodor Kober geerbt, der Zeppelins erstes Luftschiff konstruierte und später die Flugzeugbau Friedrichshafen GmbH (FF) gründete (siehe Geheimnis 5).

Ilse besuchte in Friedrichshafen zunächst eine Schule für Höhere Töchter, doch weder das Mädchen noch die Mutter fanden, dass sie dort die richtigen Antworten auf ihre brennenden Fragen bekam. Die Mutter kämpfte für eine gute Schulbildung, Ilse kam auf eine Jungen-Schule und damit begann das, was sich bis zu ihrem 30. Lebensjahr fortsetzen sollte: Ilse Kober hatte fast nur Kontakt zu Männern. „Frauen und ihre Denkart waren mir fremd", schreibt sie in ihren Erinnerungen.

Sprachen waren der kleinen Ilse ein Gräuel, aber die Technik begeisterte sie. Deshalb verließ sie die Schule im Alter von 15 Jahren und stieg als Zeichenlehrling in die Flugzeug-Firma ihres Vaters ein, die dieser im Jahr zuvor gegründet hatte. Besonders verlockend war für sie die Aussicht, durch ihre Arbeit auch einmal zum Fliegen zu kommen, denn „Fliegen war für uns Kober-Kinder der Inbegriff alles Schönen, alles Erstrebenswerten".

Dass sie bald darauf tatsächlich fliegen durfte, hatte sie der Feigheit – oder der Gier – eines jungen Ingenieurs zu verdanken, der für ihren Vater arbeitete. Der nämlich forderte Theodor Kober auf, ihm eine „Gefahrenzulage" zu zahlen, weil die Probeflüge über den Bodensee mit neu entwickelten Maschinen lebensgefährlich seien. Ilse Essers erinnert sich in ihrer Autobiografie noch genau daran, wie ihr Vater den jungen Mann daraufhin anherrschte: „Sie sitzen hier gemütlich in der Heimat, während das Leben Ihrer Altersgenossen draußen im Schützengraben Tag und Nacht bedroht ist!" Das war 1915 und Ilses Vater nahm Bezug auf den Ersten Weltkrieg. Er schickte fortan seine mutige Tochter Ilse in die Lüfte, damit diese, neben dem Piloten sitzend, die notwendigen Messungen erledigte. Ilse Essers berichtet, dass sie mit Lederjacke, Kniehosen und Kniestrümpfen ausgestattet wurde und dass es im Winter ziemlich kalt war, so weit oben am Himmel. Vor allem aber schreibt sie rückblickend: „Wie herrlich war es, fliegen zu dürfen." Später wurde Ilse Flugschülerin und lernte, Flugzeuge selbst zu steuern.

Als die Siegermächte Deutschland mit Kriegsende 1918 untersagten, Flugzeuge zu bauen, entschied sich Ilse zur Uni zu gehen und legte zuvor ihr Abitur ab. Sie studierte in München, in den Ferien segelte sie über den Bodensee. Schon während des Ersten Weltkriegs hatte sie Gedanken über die Stegbeanspruchung von Biegungsträgern entwickelt. Und als sie aufgrund der Inflation nicht weiterstudieren konnte, reichte sie ihre Hypothese bei einem Professor ein, in der Hoffnung, er werde sie als Assistentin einstellen. Doch Ilse hoffte vergebens, denn „der alte Herr" war „darüber entsetzt, dass ich eine Studentin bin". Dann, so schreibt Ilse Essers, habe er ihr ihre niedergeschriebene Theorie mit den Worten „Ach, das ist Unsinn!", zurückgegeben.

Später kam sie dann doch noch, die verdiente Chance. Professor Theodore von Kármán fand, sie habe mit ihrer Theorie Recht, und forderte sie auf, sie niederzuschreiben. Und er erkannte ihre Niederschrift auch gleich als Diplomarbeit an. Im Sommer 1926 begann Ilse Kober ihre Arbeit als Assistentin der Abteilung für Aerodynamik der deutschen Versuchsanstalt für Luftfahrt in Berlin. Sie promovierte über die Flügelschwingungen im Windkanal als erste Frau an der Technischen Hochschule Berlin in der Fakultät Maschinenwesen zum Doktor der Ingenieurwissenschaften. Im selben Jahr heiratete sie ihren Kollegen Ernst Essers, die Beziehung hatte das Paar lange geheim gehalten: „Sobald ein Dritter in Hörweite war, redeten wir uns mit Sie an", erinnert sich Ilse Essers.

1930 gebar Ilse Essers das erste von vier Kindern, 25 Jahre lang war sie Hausfrau und Mutter. Erst als die Kinder groß waren, forschte sie weiter, diesmal über gekoppelte Schwingungen an Lastzügen. Die Liebe zur Technik hatte sie all die Jahre nicht losgelassen – auch, wenn sie ihren Kindern mit Leib und Seele Mutter und ihrem Gatten mit ganzem Herzen Ehefrau war. Es ist eine Liebe, die in Friedrichshafen ihren Ursprung hatte. Und der moderne Wohnkomplex in der Werastraße steht auf dem Gelände, auf dem einst Ilse Essers brennende Begeisterung für die Technik entflammte.

Eva-Maria Bast

In der Eichenmühle kamen 1860 zwei Menschen ums Leben.

Eichenmühle

Legende um einen schwarzen Handabdruck

Das tragische Ende einer verbotenen Liebe, eine Legende um einen mysteriösen schwarzen Handabdruck und viele Jahrhunderte Geschichte einer Mühle, die 1242 erstmals urkundlich erwähnt wurde: Rund um die Eichenmühle in Fischbach ranken sich viele Geheimnisse. Während seiner Recherchen für das Buch „Mühlen in Friedrichshafen" stieß Ernst Haller, Vorsitzender des Fischbacher Geschichtsvereins, auf eine äußerst mysteriöse Episode. Josef Kuppel, heutiger Besitzer der Eichenmühle, erzählte Haller von einem Vorfall aus seiner Kindheit. „Ein Bauer fragte ihn, ob es irgendwo eine schwarze Hand an dem Haus gebe", erzählt Haller. Auf Nachfrage Kuppels berichtete jener Bauer, was es mit diesem Handabdruck auf sich haben soll: Früher sei es üblich gewesen, einen schwarzen Hand-

114

abdruck an die Hauswand zu setzen, wenn in jenem Haus ein Mord passiert war. Josef Kuppel allerdings hatte nie eine schwarze Hand irgendwo gesehen. Doch der Bauer wusste, dass 1860 zwei Menschen hier ums Leben gekommen waren. Ernst Haller begab sich also auf die Suche. Im Zuge der Buchrecherche hatte er ohnehin die Sterberegister ausgewertet, um sämtliche Müller zu dokumentieren, die Mühlen in Friedrichshafen betrieben hatten. Darin fand er schließlich eine Notiz des Pfarrers: „Am 17. November starb mit 20 Jahren Franz Joseph Roth, erschossen von seinem Vater. Anschließend erschoss sich sein gleichnamiger Vater." Haller stieß bei seinen Nachforschungen auf die Hintergründe dieser Tragödie: „Der junge Franz Joseph liebte ein Mädchen aus Spaltenstein", erzählt er. „Sie war die Tochter eines einfachen Arbeiters – und Müller waren zu dieser Zeit wohlhabende Leute." Also wollte der Vater des Jungen nicht, dass sein Sprössling eine „Arbeitertochter" mit ins Haus bringt. „Dieses Mädchen war die Tochter eines Tagelöhners und der Stand eines reichen Müllers lag weit darüber", schreibt Haller. Es kam zu heftigem Streit zwischen Vater und Sohn – der Junge aber blieb stur und wollte von seiner Liebsten nicht lassen. Als der Sohn eines Morgens zum Wehr am Mühlenkanal lief, erschoss der Vater ihn von hinten. „Anschließend hat er das Gewehr auf den Boden gestellt und sich selbst gerichtet", erzählt Haller weiter. Roth hinterließ eine Witwe mit sieben Kindern, die die Mühle weiter umtrieb.

Und die schwarze Hand? Sie tauchte nie auf. „Das war wohl eine Sage aus der Frühzeit des landwirtschaftlichen Denkens – damals glaubte man ja auch an Geister, Hexen und alles mögliche mehr", sagt der Mühlen-Experte. Besonders Mühlen waren zur damaligen Zeit oftmals von Geheimnissen und mysteriösen Geschichten umgeben. „Dies lag auch daran, dass sie meist einsam gelegen waren, zugewachsen mit Gebüsch und Bäumen und damit einen dunklen Standort hatten", schreibt Haller. Und so rankt sich um fast jede Mühle eine mysteriöse Geschichte – in diesem Fall hat sie traurigerweise einen wahren und damit tragischen Hintergrund.

Julia Blust

So geht's zur Eichenmühle:

Die Eichenmühle liegt in Fischbach am Eichenmühlweg, der Verbindung zwischen Fischbach und Spaltenstein.

34

Die Reste des einstigen Schlosshafens
sind bei Niedrigwasser sehr gut zu sehen.

Alter Hafen und Zollhaus

Der eine neidet's dem andern

Es ist ein merkwürdiges Bild: Vor dem kleinen schmucken Platz, dem so genannten Schlosshorn, der am Ende des gusseisernen Schlosshafenstegs liegt, ziehen sich in geraden Linien Reste kleiner, offensichtlich alter Holzpfähle ins Wasser, bilden vorne einen Knick und führen weiter. Allerdings kann man die Pfähle nur bei Niedrigwasser ausmachen – die meiste Zeit des Jahres verbirgt sie der See. Wozu die Pfähle gut sind? Zu gar nichts mehr, sie dienen nur noch der Erinnerung – handelt es sich doch um die Reste der alten Hafenanlage: Als Hofen im Jahre 1806 württembergisch wurde, zögerte der tatkräftige König Friedrich I. Wilhelm Karl von Württemberg (1754–1816) nicht lange und befal den sofortigen Ausbau der Hafenanlage und der Straße nach Hofen. „Er wollte den Hafen für die Schweizer Schifffahrt und für den Handel nutzen", erzählt Heimatforscher Karl-Hermann Weidemann. Die Bürger im benachbarten bayrischen Buchhorn beobachteten die Bemühungen des württembergischen Königs freilich mit großer Sorge. Stadtkommissar Schwaiger machte deutlich, dass es Buchhorn so lange nicht wirklich gut gehen würde, wie es von den königlich-württembergischen Besitzungen eingeengt sei. Schon als Hofen 1804 österreichisch geworden war, hatten die Buchhorner ein Problem gehabt: Ehe das Dorf an Österreich verkauft wurde, musste durch Buchhorn reisen, wer nach Hofen wollte. Doch dann habe Österreich eine Straße

> **So geht's zum alten Hafen und zum Zollhaus:**
>
> Die Reste des Schlosshafens sind bei Niedrigwasser vor dem Schlosshorn am Ende des gusseisernen Schlossstegs zu sehen. Seinen Ausgangspunkt hat der gusseiserne Steg am Flaniersteg aus Sandstein an der Ecke Olgastraße/ Werastraße direkt am Seeufer. Das Zollhaus steht in der Olgastraße 5.

Das ehemalige Zollhaus.

außerhalb der Stadt angelegt, und die Buchhorner mussten auf den Wegzoll verzichten. Der Ausbau des Hafens in Hofen tat ein Übriges. „Zumal in Bayern auch noch eine Maut eingeführt wurde und das An- und Abschiffen im Hofener Hafen wesentlich günstiger war", erklärt Weidemann. Die Zufuhr in den Hafen von Buchhorn sei praktisch eingeschlafen.

Freilich rümpfte man in Buchhorn gehörig die Nase über den Hofener Hafen: Stadtkommissar Schwaiger schrieb, es wäre „wohlbekannt, daß die Schiffstelle zu Hofen äußerst unsicher sei". In Buchhorn hingegen lägen die Schiffe selbst dann sicher und ruhig im Hafen, wenn es stark stürme.

Den württembergischen König rührten die Klagen aus dem Bayrischen – wenn sie denn überhaupt an sein hoheitliches Ohr gedrungen sein sollten – freilich nicht im Geringsten. Er ließ am Schloss-Hafen-Damm in Hofen ein Zollhaus errichten, wo bis zum Februar 1855 die Zolleinnahmen kassiert wurden. „Danach wurde das Haus abgerissen", erzählt Weidemann. Das „Volks-Blatt, Amtsblatt für den k. Oberamts-Bezirk

Tettnang" schrieb am 14. Februar 1855: „Verkauf eines Gebäudes in Friedrichshafen auf den Abbruch (...) Samstag den 17. d. März, Vormittags 10 Uhr wird das in der Nähe des Schloss-Hafen-Dammes gelegene alten Zoll-Haus, nebst einigen Obstbäumen (...) auf den Abbruch verkauft werden. Liebhaber hiezu wollen sich zu der bestimmten Stunde im Gebäude selbst einfinden."

1855 wurde vom Königlichen Kameralamt Tettnang ein neues Zollhaus beim Schlossdamm erbaut – und es steht heute noch: Es handelt sich um den kleinen und etwas vereinsamt wirkenden Bau in der Olgastraße. „Die Zolleinnehmer konnten auch in dem Haus wohnen", berichtet Weidemann. Zolleinnehmer Locher war der erste, der das Haus bewohnte. In den Folgejahren wurde das Leben im Zollhaus immer komfortabler: Es wurde eine Wasserleitung gelegt, außerdem konnten die Zolleinnehmer über einen Garten mit sechs Birnbäumen, vier Apfelbäumen und zehn Zwetschgenbäumen verfügen. In den Genuss des elektrischen Lichtes kamen die Zöllner aber nicht mehr: Als 1926 Strom ins Zollamt gelegt wurde, wurde es bereits vom Staatsrentamt Weingarten verwaltet.

Nun zogen Polizeibeamte in das Zollgebäude ein und nutzten es als Dienstwohnung, bevor es 1976 an einen Privatmann verkauft wurde. Zu diesem Zeitpunkt war der erbitterte Konkurrenzkampf zwischen Buchhorn und Hofen längst vergessen, wurden beide doch 1811 zu Friedrichshafen zusammengeschlossen und die Zolleinnahmen kamen beiden Stadtteilen zugute.

Neben dem Zollhaus erinnern nur noch die Pflöcke vor dem Schlosshorn an jene Zeit – und das auch nur bei Niedrigwasser.

Eva-Maria Bast

35

Das Haus Maybach liegt geschützt zwischen Zeppelin- und Albrechtstraße.

Maybachs Haus
Der Tag, an dem Karl Maybach starb

An diesen Sonntagabend im Februar 1960 wird sich Dr. Ulrich Sauter immer erinnern. Der Sohn des bekannten Häfler Arztes Josef Sauter war damals Anfang 30 und eigentlich nur zufällig zuhause bei seinen Eltern in der Schmidstraße, wo Vater Sauter im Wohnhaus auch seine Praxisräume betrieb. Ulrich Sauter selbst war damals schon Assistenzarzt. „Mein Vater war der langjährige Hausarzt der Familie Professor Maybach", berichtet er. Karl Maybach, legendärer Konstrukteur, Vater der Maybach-Motoren und -Automobile, wohnte nur wenige Minuten von Sauters Wohnhaus und Praxis entfernt in der Zeppelinstraße 58, früher Nummer 21.

An diesem Abend, es war der 6. Februar 1960, sagte Sauter senior zu seinem Sohn: „Geh mit zu Professor Maybach, er muss heute Abend vermutlich sterben. Das wird dir eine lebenslange Erinnerung bleiben." Ulrich Sauter ging also mit. Und es war, wie der Vater vorhergesagt hatte: „Die Familie umstand das Krankenbett, dem Professor Maybach ging es schlecht. Man sah, dass es dem Lebensende zuging." Vater Sauter hatte für solche Gelegenheiten immer ein Gebetbuch dabei, erinnert sich der Sohn. Daraus las er vor. „So langsam verlor Professor Maybach dann das Bewusstsein", erinnert sich Sauter. „Er starb etwa eine Stunde nach unserer Ankunft – in Frieden."

Ulrich Sauter vor dem Tor zum früheren Maybach-Anwesen.

Die Villa, in der die Familie Maybach damals residierte, steht noch immer. Geschützt hinter dem Hotel Föhr zwischen Albrecht- und Zeppelinstraße gelegen, ist das Anwesen heute im Besitz der Familie Gessler. Heinz Gessler, früherer Verleger der Schwäbischen Zeitung, war Karl Maybachs Schwiegersohn. Im Krieg wurde das Haus teilweise zerstört und anschließend wieder aufgebaut.

„1916 hatte sich Karl Maybach für das Grundstück Zeppelinstraße 21 vom Stuttgarter Architekten Prof. Elsaeßer die Pläne für ein dreigeschossiges Zweifamilienhaus entwerfen lassen", steht auf der Tafel des Maybach-Wegs, dessen zehnte Station das Haus ist. Das Haus wurde nach dem Ersten Weltkrieg gebaut, 1922 zog die Familie ein und wohnte hier bis 1944. Als das Haus beim Luftangriff im April 1944 zerstört wurde, wohnten die Maybachs gerade im Allgäu. Maybach ließ das Haus nach dem Krieg wieder aufbauen, zog jedoch nie mehr selbst ein. Das Anwesen blieb aber in Familienhand. Im Februar 1960

**So geht's zu
Maybachs Haus:**

Das Haus, das Karl Maybach
und seine Familie früher
bewohnten, befindet sich in
der Zeppelinstraße 58.

waren Karl Maybach und seine Frau Käthe eigentlich nur auf Familienbesuch in Friedrichshafen. Und so kam es, dass der Konstrukteur, der hier so viel bewirkt hatte, auch in der Zeppelinstadt starb.

Vor diesem Zeitpunkt hatte Ulrich Sauter nur wenig von der Familie Maybach mitbekommen. Wirklich bewusst war dem jungen Ulrich während seiner Kinder- und Jugendzeit nicht, welche Berühmtheiten sich unter den Patienten seines Vaters befanden. „Das nahm man eigentlich eher als selbstverständlich, ohne groß darüber nachzudenken, was für ein wichtiger Mann das war." Karl Maybach, seit 1929 Ehrenbürger der Stadt Friedrichshafen, hatte unter anderem im Auftrag des Grafen Ferdinand von Zeppelin einen Motor für dessen Luftschiffe gebaut. Sein Automobil Typ „Zeppelin" mit Zwölfzylindermotor war seinerzeit – 1930 – die größte deutsche Luxuslimousine. Ein Fahrzeug dieses Typs steht heute im Zeppelin-Museum Friedrichshafen.

Auch die Familie Graf von Soden zählte zum Patientenstamm von Josef Sauter – und wohnte in der Nachbarschaft. Die Villa von Soden in der Zeppelinstraße wird heute als Hotel genutzt. Der Gründer der ZF hatte sechs Kinder – allesamt Patienten des Arztes in der Schmidstraße. „Mein Vater war mit der ganzen Familie immer sehr verbunden", erzählt Sauter.

Dass der Name „Maybach" einmal Legende werden würde, hat Ulrich Sauter an jenem Sonntag im Februar 1960 schon geahnt. An das Datum wird er sich sein Leben lang erinnern: An den Tag, an dem Karl Maybach starb.

Julia Blust

Martin Herzog vor seiner früheren Wirkungsstätte, in der sich heute die Zeppelin-Universität befindet.

36

Zeppelin-Universität

Landrat in Seenot

Wo sich heute die Büros der Zeppelin-Universitäts-Mitarbeiter befinden, saßen einst schluchzende Mitglieder der Kreisverwaltung: Der Altbau der Zeppelin-Universität im Friedrichshafener Westen war von

1973 bis Ende der 1970er Jahre Landratsamt – und zwar das erste des Bodenseekreises. Genau das war auch der Grund, warum die Verwaltungsmitglieder so schluchzten: „Bis dato hatte es den Kreis Überlingen und den Kreis Tettnang gegeben, die dann zum Bodenseekreis zusammengeschlossen wurden", erklärt Martin Herzog, der seinerzeit, bevor er Oberbürgermeister von Friedrichshafen wurde, erster Landrat des neu gegründeten Kreises war und seine unglücklichen Mitarbeiter mit Sekt aufzumuntern versuchte. Die Damen – denn die Herren schluchzten freilich nicht – dürften aus zwei Gründen Tränen vergossen haben: Erstens, weil sie einen weiteren Weg zu ihrem Arbeitsplatz hatten. Und zweitens, weil die Schwaben jetzt mit Badenern und die Badener mit Schwaben nicht nur einen gemeinsamen Kreis bilden, sondern auch noch in einem Büro zusammensitzen mussten! „Es war auch wirklich ungewöhnlich, dass im Zuge der Kreisreform badische und schwäbische Gemeinden zusammengingen", erzählt Herzog. Zur Erklärung: Zum 1. Januar 1973 gab es im ganzen Ländle die so genannte „Kreisgebietsreform": 32 Landkreise wurden dabei neu gebildet, drei blieben unverändert oder weitgehend unverändert bestehen.

Martin Herzog, damals 33 Jahre jung, hatte aber die besten Voraussetzungen, um etwaige Mauern in den Köpfen abzutragen und Ressentiments zu zerstreuen: Da er Schwabe ist, hatte er das Vertrauen der Schwaben, also der Tettnanger. Da er aber zuvor mehrere Jahre lang als Erster Landesbeamter in Überlingen gearbeitet hatte, trauten ihm auch die Badener. „Und viele der gegenseitigen Befürchtungen sind dann auch gar nicht eingetreten. Schließlich haben Baden und Schwaben eine gemeinsame Wurzel in den Alemannen, und die kam schließlich zum Vorschein", erzählt Herzog. „Ich meine, die gewachsene Kulturfamilie im Badischen und die von der Industrie geprägten Menschen im Schwäbischen haben voneinander profitiert." Und auch die schöne Lage am See überzeugte die Mitarbeiter schließlich und sie begannen langsam, sich für ihren neuen Arbeitsplatz zu erwärmen. Zumal man die eine oder andere Mittagspause im kühlen Nass verbringen konnte – schließlich lag das Landratsamt direkt am Ufer.

Martin Herzog jedenfalls fand seinen Arbeitsplatz von vornherein ganz prima. Gelegentlich fuhr er auch mit seinem motorisierten Schlauchboot zur Arbeit. Das allerdings war ein Umstand, der seine Sekretärin dann doch wieder mit dem neuen Amtssitz hadern ließ. „Ich habe während der Fahrt diktiert, zum Beispiel Briefe, und das auf das Diktiergerät gesprochen", erinnert sich Herzog. „Und meine Sekretärin hatte dann wegen des Motorengebrumms große Schwierigkeiten, das zu verstehen."

Übrigens: Einmal geriet Herzog auf seiner Bootsfahrt zur Arbeit in Seenot. „Ein entsetzlicher Sturm brach los und ich habe begriffen, warum es ‚Schwäbisches Meer' heißt", erzählt er. Gegen die wilden Wellen kam der 6-PS-Außenbordmotor des Landrats nicht an. „Und dann hat es mich doch tatsächlich aus meinem Schlauchboot ans Ufer geschleudert", berichtet Herzog und fügt schmunzelnd hinzu: „Das war aber zum Glück der einzige Schiffsbruch, den ich als Landrat erlitten habe."

Eva-Maria Bast

37

Deutlich zu erkennen ist die unterschiedliche Farbgebung der Kuppeln von Südturm und Nordturm der Schlosskirche.

Türme der Schlosskirche

Sichtbare Narben

Kaum ein Foto vom Häfler Seeufer, auf dem die beiden charakteristischen Kuppeln nicht zu sehen sind. Majestätisch recken sich die Türme der Schlosskirche in der Silhouette der Stadt empor: ein – wenn nicht das – Wahrzeichen Friedrichshafens.

Je nachdem, wie das Licht auf die Türme des gerne als „barockes Gesamtkunstwerk" bezeichneten Gotteshauses fällt, je nachdem, aus welchem Winkel der Betrachter auf die Kirche blickt, zeigt sie eine ihrer Narben sehr deutlich: Die Kuppel des Südturms unterscheidet sich in ihrer Farbgebung von der des Nordturms.

Häfler, die die Nacht des 28. April 1944 und die folgenden Tage miterlebt haben, kennen den traurigen Grund dafür: „Die Kuppel loderte wie eine riesige Fackel. Hatte sich noch eine Brandbombe entzündet? – Dröhnend stürzten die Trümmer in das Innere des Turmes. Unsere Schlosskirche hatte die Kuppel ihres Südturms verloren", schreibt eine Häflerin im Lesebuch „Geschichten aus Buchhorn und Friedrichshafen". Die Kuppel allerdings geriet offenbar erst am 30. April, zwei Tage nach der schrecklichen Bombennacht, in Brand: Eine Stabbrandbombe war einem Zeitungsbericht zufolge unbemerkt liegen geblieben und hatte den neuerlichen Brand ausgelöst. Durch Bomben wurden zuvor, am 28. April, das Dach, die Orgel und der Großteil der Kirchenbänke zerstört.

Der Wiederaufbau von Teilen der Kirche sollte später symbolische Bedeutung als Zeichen des Neubeginns erlangen. Doch der Anfang gestaltete sich äußerst schwierig: Die NS-Parteigremien verhinderten absichtlich einen Wiederaufbau des ausgebrannten Dachstuhls, obwohl Herzog Philipp Albrecht von Württemberg das notwendige Bauholz stiften wollte. Erst in den Jahren 1947 und 1948 konnte ein Notdach errichtet werden, ein Jahr später wurde der Südturm schließ-

Die Schlosskirche ist das Wahrzeichen der Stadt schlechthin.

lich wiederhergestellt, ein weiteres Jahr später die Turmzwiebel erneu-
ert. Auf alten Fotos vom Juli 1950 ist Stadtpfarrer Braun mit Hand-
werkern in luftiger Höhe auf dem noch eingerüsteten Turm zu sehen.
1951 wurde die Kirche schließlich wieder eröffnet.

Im Juli 1950 berichtete die Schwäbische Zeitung unter der Überschrift
„Die Schlosskirche wird wieder zum Kleinod der Stadt" über die Bauarbeiten an der Kuppel des Südturms: „...an diesem Donnerstag sollte
die Kuppel des Südturms ‚Unserer lieben Frau' – der Nordturm war
Christus, dem Herrn, geweiht worden – mit Knauf und Sonne gekrönt
werden." Zimmermeister Urban aus Fischbach hatte Holzgerüst und
Außenkranz der Kuppel erstellt und aufgerichtet, Flaschnermeister
Geiger sorgte für die Anbringung der Kupferverkleidung aus 222 Qua-
dratmetern Blechplatten. „Auf schmalem, leicht schwankendem Gerüst
arbeitete Meister Geiger, jeder Griff saß und manches heitere Wort
lockerte die Schwere dieser gefährlichen Arbeit über dem Abgrund
von 61 Metern." Nach etwa einer Stunde, heißt es im Zeitungsbericht
weiter, „sank der Schaft fest auf die Spitze des Holzgerüstes. Alles

passte, wie Meister Geiger mit berechtigtem Stolz zu uns herunterrief, auf den Millimeter genau." Zeuge der äußerst präzisen Arbeit seines Herrchens war übrigens auch Schnauzer Max – und das aus allernächster Nähe. Er war Meister Geiger bis

So geht's zur Schlosskirche:

Die Schlosskirche liegt an der Schlossstraße 2.

zur Kuppel herauf gefolgt, hatte steile Leitern artistisch erklommen und beobachtete die Handwerksarbeit von einem Brett außerhalb der Kuppel aus – offenbar schwindelfrei und immer nah am Geschehen.

Damals waren fast auf den Tag genau 250 Jahre vergangen, seit die Kuppel des Südturms am 17. Juli 1700 von Kupferschmiedmeister Caspar Hagspiel aus dem Allgäu eingedeckt worden war. Und jene 250 Jahre sind es auch, die den Unterschied in der Farbgebung ausmachen. Im Knauf übrigens, der auf der Spitze des Kuppeldachs auf dem Südturm thront, soll ein kleines Büchslein verborgen sein, das eine Urkunde enthält. Darin werde die Geschichte von Zerstörung und Wiederaufbau der Schlosskirche erzählt. Über dem Knauf glänzt buchstäblich die Sonne – in Form der Namensrosette „Maria" im goldenen Strahlenkranz der Sonne, die auf dem Schaft sitzt.

Und so leuchtet heute auch wieder das „Königskind" – so wurde die Kirche 1951 einmal bezeichnet – in altem Glanz. 250 Jahre zwischen altem und neuerem Kupfer künden nun vom Schicksal der prachtvollen Schlosskirche – Schnauzer Max wäre sicher zufrieden damit gewesen, dass die gute Arbeit seines Herrchens, des Meisters Geiger, auch so viele Jahre später noch Beachtung findet.

Julia Blust

Manfred Sauter
weiß das Rätsel
um das merk-
würdige Gebilde
zu lösen.

Bunker

Stummer Zeuge eines flammenden Infernos

Eigentlich sieht es ganz niedlich aus. Vor allem dann, wenn man es mitten im Winter entdeckt und eine dünne Schneedecke sein spitzes Dach bedeckt. Das gibt ihm fast einen märchenhaften Charakter. Doch was für einen Sinn es hat, das runde, niedrige Betongebilde, das inmitten eines Neubaugebiets sein Dasein fristet, das will sich dem Betrachter zunächst so gar nicht erschließen. Wie das obere Ende eines Turmes sieht es aus. Noch merkwürdiger wird das Ganze, wenn man den Eisenschlitz betrachtet, der an der Außenseite des „Turms" angebracht ist.

Mancher rätsle über den Sinn und Zweck dieses Baus, erzählt der Althäfler Manfred Sauter. Und natürlich gebe es auch zahlreiche Vermutungen. Zum Beispiel jene, dass es sich bei dem Turm um ein Wachhäuschen aus dem Zweiten Weltkrieg handelt, von dem aus Zwangsarbeiter beaufsichtigt wurden. Doch Manfred Sauters Ansicht nach stimmt das nicht. Bei dem Gebäude handle es sich um einen überirdischen Luftschutzbunker, erzählt er. „Die gab es im Zweiten Weltkrieg überall in der Stadt. Wenn Fliegeralarm herrschte und man es nicht mehr in einen Luftschutzkeller geschafft hat, konnte man sich hier in Sicherheit bringen." Auch das Rätsel um das Metallschlitzchen weiß der Althäfler zu lüften: „Dadurch kam frische Luft in den Bunker", erklärt er. Und warum ist der Bunker samt seiner Eingangstüre so niedrig? Auch hierauf weiß Sauter eine Antwort: „Das Bodenniveau ist im Lauf der Jahrzehnte stark nach oben gewandert, der Turm liegt heute sehr viel tiefer in der Erde als damals."

Manfred Sauter gehört nicht zu jenen Unglücklichen, die seinerzeit unterwegs vom Fliegeralarm überrascht wurden und sich in einen dieser Bunker retten mussten. Das heißt aber nicht, dass seine Bombentage und -nächte, die er im zarten Alter von acht und neun Jahren erlebte, angenehm waren. Besonders in Erinnerung ist ihm die Nacht vom 27. auf den 28. April 1944, als beim sechsten Luftangriff auf die Stadt 311 englische Bomber über Friedrichshafen flogen und mit ihren Angriffen unzählige Wohnhäuser dem Erdboden gleich und 17.000 Häfler obdachlos machten. 136 Menschen starben im Bombenhagel.

Manfred Sauter lebte mit seinen Eltern und seiner Schwester in einem Haus in der heutigen Keplerstraße. Als der Alarm losging, floh die Familie in den Keller. Noch heute, so viele Jahrzehnte später, erinnert er sich mit einer verblüffenden Detailgenauigkeit an jene Zeit. Die schrecklichen Bilder haben sich für immer in seine Erinnerung eingebrannt. Er weiß noch, dass die Kamintürchen im Keller aufplatzten und stinkender Ruß herausströmte, er erinnert sich an die Kellerfenster, vor denen Betonblöcke lagen und an seine namenlose Angst, an sein Entsetzen und an den Vater, der neben ihm saß und das Grauen etwas lindern konnte. Einfach, weil er da war und Ruhe ausstrahlte. Und wenn der Papa sich nicht fürchtet, dachte der kleine Manfred, dann wird mir auch nichts passieren. Die Familie überlebte den schweren Angriff und trat aus dem dunklen Keller heraus. Hinein in gleißendes Licht. Und auch das weiß Manfred Sauter noch ganz genau: Dass es durch das Feuer fast taghell war.

So geht's zum Bunker:

Zum Bunker gelangt man, wenn man von der Hochstraße in die Heinrich-Heine-Straße abbiegt. Der Bunker befindet sich auf Höhe der scharfen Kurve in der Heinrich-Heine-Straße.

Tief im Boden versunken: die Tür.

Dass alles um ihn herum in Schutt und Asche lag. Und dass ein seltsamer, heißer Wind ging. „Ich konnte mir erst später erklären, dass das die Thermik war und das Feuer, das Sauerstoff brauchte."

Nach diesem Erlebnis wollte Manfred Sauters Vater seine Kinder in Sicherheit wissen. Umgehend besorgte er sich einen Traktor und fuhr Manfred und seine Schwester ins etwa 45 Kilometer entfernte Aulendorf zu seinem Bruder. Er selbst und seine Frau blieben in Friedrichshafen.

Und dann kam der 20. Juli 1944 und der achte Angriff, bei dem 225 Menschen starben und 109 verletzt wurden. Manfred Sauter sah und hörte von Aulendorf aus, dass Friedrichshafen schwer unter Beschuss genommen wurde. „Wir konnten die Bombeneinschläge und auch die Flak einwandfrei hören", sagt der Senior. Dann begann das Warten. Und das war fast schlimmer als die Bombennacht, die er selbst erlebt hatte: das Warten auf ein Lebenszeichen der Eltern. Das Bangen und das Hoffen. Zwei Tage lang harrten Manfred Sauter und seine Schwester am Bahnhof in Aulendorf aus. Züge fuhren zwar keine mehr, aber ab und an kam eine Lokomotive, dichtbeladen mit Menschen. Manfred Sauters Eltern kamen nicht. Stattdessen kam irgendwann die erlösende Nachricht, dass sie im Krankenhaus Ravensburg und in Sicherheit seien. Mit dieser Botschaft, die für die beiden Kinder die Welt bedeutete, kam aber auch noch eine andere, eine schlimme: Dass sein Elternhaus komplett zerstört war und dass von

Der merkwürdige Schlitz in der Mauer.

den sieben Menschen, die im Haus waren, nur drei lebend geborgen werden konnten. Tante, Cousin und Nachbarinnen, an deren Namen Manfred Sauter sich heute noch erinnert, waren tot. Und er, der kleine neunjährige Junge, musste mit seinem Onkel nach Friedrichshafen fahren, um sie zu identifizieren. Er erinnert sich, dass die Tante noch ihr Handtäschchen bei sich hatte. Darin: Lebensmittelmarken und Geld.

Wenn Manfred Sauter heute neben dem Bunker steht und sich an jene schrecklichen Tage seiner Kindheit erinnert, dann ist seine Stimme ganz ruhig und gelassen. „Es ist vorbei. Lange vorbei", sagt er. Wie ein Mensch so etwas aushalten kann? Das kann sich Sauter heute gar nicht mehr vorstellen. Und auch nicht, wie die überlebenden Häfler sie ertragen konnten, die insgesamt elf Luftangriffe zwischen Juni 1943 und Februar 1945 durchmachten, bei denen zwischen 618 und 625 Menschen starben und zwischen 1082 und 1092 Menschen verletzt wurden.

Die Bauten der Stadt wurden weitgehend zerstört von dem Bombardement. Doch die Häfler, die es überlebt haben, verloren ihre Heimatliebe nicht in den Trümmern. Trotz aller Schrecken. Und so ist auch Manfred Sauter nach Friedrichshafen zurückgekehrt und hat sein Herz der Luftfahrt und der Firma Zeppelin geschenkt.

Eva-Maria Bast

133

39

Regenerstraße

Josef Schwarz an einem Straßenschild in der Regenerstraße. Nur wenige wissen, welch´ imposante Persönlichkeit hinter diesem Straßennamen steht.

Regenerstraße
Stratosphärenforschung am Bodensee

Kosmische Strahlung auf dem Grund des Bodensees? Stratosphären-forschung in Friedrichshafen? Komplizierte Messtechnik in einer V2-Rakete? Ursprung der zivilen Raumfahrt? Für all das steht der Name eines großen Genies, dessen Arbeit zumindest hier in Friedrichs-hafen fast in Vergessenheit geraten ist: Erich Regener, geboren 1881, Physiker und Mitbegründer der Max-Planck-Gesellschaft, Tüftler, Wegbereiter der Erforschung des Weltraums, Visionär. Ende 1937 gründete Regener in Friedrichshafen in einem Einfamilienhaus im Seewiesenesch und später in Windhag eine private „Forschungsstelle für Physik und Stratosphäre".

Einer, der sich eingehend mit Regener und seinem Wirken befasst hat, ist der Häfler Josef Schwarz. Er arbeitete als Elektronik-Ingenieur zuerst bei Dornier, später dann bei ZF – und hat das Wirken Regeners auch aus beruflichem Interesse verfolgt. Denn – und hier liegt eine weitere Verbindung Erich Regeners nach Friedrichshafen beziehungs-weise Immenstaad: „Am Satelliten ISEE-B habe ich zu meiner Zeit bei Dornier selbst noch mitentwickelt", erklärt Josef Schwarz. Und eben jene Satelliten hatten unter anderem genau dieselben Aufgaben wie Regeners Messgeräte: kosmische Strahlung und verschiedenste phy-sikalische Größen im Weltraum zu erkunden. Deshalb gilt der Physiker auch als Wegbereiter der Erfor-schung des Weltraums.

Heute erinnert nur noch die Regenerstraße im Stadtteil Wind-hag an den Forscher. Das Haus im Seewiesenesch und die For-schungsstation in Windhag wur-den im Krieg zerstört, Regener flüchtete mit seiner Forschungs-

> **So geht's zur Regenerstraße:**
>
> Die Straße liegt im Stadtteil Windhag. Sie zweigt von der Glärnischstraße in Richtung Windhager Straße ab.

stelle gegen Ende des Kriegs nach Weissenau bei Ravensburg, später wurde sein Institut nach Katlenburg-Lindau bei Göttingen verlegt. Aber seine Jahre in Friedrichshafen, das waren ganz entscheidende Jahre.

Doch von vorne: Erich Regener hatte während seiner Zeit als Professor an der Technischen Hochschule Stuttgart immer wieder Stippvisiten an den Bodensee unternommen – und das lange bevor er 1937 hier sein Institut gründete. „Mit einer so genannten 'Bodenseebombe' hat er zu dieser Zeit Unterwasseruntersuchungen gemacht", berichtet Schwarz. „In 250 Metern Tiefe wollte er im See die Strahlung messen, die vom Weltall ausgeht." Alte Bilder zeigen Regener in Immenstaad im August 1932 zusammen mit Victor F. Hess, der die kosmische Strahlung 1912 entdeckt hatte. Bei der „Bodenseebombe" handelte es sich um eine automatisch arbeitende Ionisationskammer. Regener war damit einer der ersten, der die kosmische Strahlung wissenschaftlich erforschte und messtechnisch nachweisen konnte. Viele Arbeiten galten auch der Erkundung der Ozonschicht. Das war zwischen 1928 und '32. „Doch um das Wesen der Höhenstrahlung wirklich zu ergründen, gab es nur eins: Messgeräte hoch in die Atmosphäre befördern", schreibt Michael Globig 2006 im Magazin „Max Planck Forschung".

Der Gründung der privaten Forschungsstelle in Friedrichshafen ging ein einschneidendes Erlebnis Erich Regeners voraus: 1937 versetzten ihn die Nationalsozialisten als Professor an der Technischen Hochschule Stuttgart in den so genannten Wartestand – „das kam einem Rausschmiss gleich", erläutert Josef Schwarz. „Regener war damals mit einer Jüdin verheiratet, was den Nazis natürlich gar nicht passte", sagt Schwarz. Nach dem Umzug ins Seewiesenesch geriet der Physiker aber bald in finanzielle Not – und bekam Hilfe von der Kaiser-Wilhelm-Gesellschaft, die aus dem kleinen privaten Institut eine ihrer Forschungsstellen machte.

Während des Kriegs sollte Regener dann die Gelegenheit bekommen, ein Messgerät weit höher in die Atmosphäre zu bringen, als er es sich wohl je erträumt hatte. Bis dahin hatte er mit unbemannten Ballonen Untersuchungen anstellen können. Seine speziellen Ballone kamen bis zu 30 Kilometer weit in die Atmosphäre – und maßen unter anderem den Ozongehalt. 1942 lud Raketeningenieur und Raumfahrt-Visionär Wernher von Braun Regener und andere Naturwissenschaftler nach Peenemünde ein, wo die V2-Rakete (V für Vergeltungswaffe) – entwickelt wurde. Die Triebwerke der V2-Rakete wurden zu Kriegszeiten auch in Raderach auf einem Versuchsgelände getestet.

Regener bekam den Auftrag für die Entwicklung eines Messgeräts, das in einer Metallkapsel in der Raketenspitze untergebracht war, um verschiedenste Messungen in einer Höhe von bis zu 50 Kilometern ausführen zu können. Dort sollte sich der Messkopf von der Rakete lösen und mit einem Fallschirm zur Erde zurückschweben. „Die so genannte ‚Regenertonne' wurde sogar im Auftrag der Nazis entwickelt", sagt Josef Schwarz. Das empfand der Physiker wohl als Genugtuung für den Quasi-Rauswurf vier Jahre zuvor. Von Braun versprach sich davon genauere Daten, um die Flugbahn der V2 besser berechnen zu können.

Die Karriere der Regenertonne ging aber schnell zu Ende: Es wurde nur ein Exemplar gebaut, dessen Spur sich in den Kriegswirren verliert. „Es wird intensiv vermutet, dass die Amerikaner sie mitgenommen haben", sagt Schwarz. Ebenfalls nicht bewiesen: In den USA sollen in der Nachkriegszeit Versuche mit der Regenertonne fortgeführt worden sein.

Erich Regener war nach Kriegsende wieder Direktor des Physikalischen Instituts der Technischen Hochschule Stuttgart und leitete weiter die Forschungsstelle für Physik der Stratosphäre, mit der er nach Weissenau bei Ravensburg umgezogen war. Die Forschungsstelle wurde dann von der Max-Planck-Gesellschaft übernommen, deren Vizepräsident Regener wurde. Er starb 1955 in Stuttgart.

Julia Blust

40

HERMANN
FREIHERR V. MITTNACHT
STAATSMINISTER &
MINISTERPRÄSIDENT A.D.

GEB. STUTTGART 17. MÄRZ 2...
GEST. FRIEDRICHSHAFEN 2. MAI ...

ANGELIKA
FREIFRAU V. MITTNACHT
GEB. BUCHER

GEB. RAVENSBURG 8. FEBR. 1833
GEST. FRIEDRICHSHAFEN 3. JAN. 1910

Stark verwittert: die Inschrift am Grabstein.

Grabstein von Mittnacht

Ein Vertrauter Bismarcks

Es ist ein großer, stattlicher Grabstein, der dem Besucher des Alten Friedhofs sofort auffällt. Seine Aufmachung lässt vermuten, dass hier ein besonderer Mann begraben liegt. Doch wie bedeutend Hermann Freiherr von Mittnacht (1825–1909) tatsächlich war, das wird erst bei einem Ausflug in die Geschichte des Königreichs Württemberg deutlich. Da taucht nämlich eben jener Hermann von Mittnacht in seiner Funktion als erster Ministerpräsident des Königreiches Württemberg auf. „Schon bei der Gründung des Deutschen Kaiserreichs im Jahre 1871 hatte von Mittnacht eine wichtige Rolle gespielt", erläutert Hartmut Semmler, wissenschaftlicher Mitarbeiter im Stadtarchiv. Damals noch Präsident des Geheimen Rats und Vorsitzender im Ministerrat, habe von Mittnacht zäh verhandelt und Württemberg wichtige Reservatsrechte gesichert, bevor es dem im Entstehen begriffenen Deutschen Reich beitrat.

Hartmut Semmler am Grabstein des Freiherrn von Mittnacht.

1873 wurde Mittnacht zunächst Außenminister und 1876 erster Ministerpräsident des Königreichs Württemberg, erzählt Hartmut Semmler. Von Mittnacht habe sowohl königstreu und im Sinne von König Karl und Königin Olga darauf geachtet, eine föderale Struktur im Reich zu wahren als auch eine enge Beziehung zu Reichskanzler Bismarck unterhalten, weiß Semmler zu berichten. In der Literatur wird die Beziehung zwischen Mittnacht und Bismarck mitunter sogar als „Seelenverwandtschaft" bezeichnet.

So geht's zum Grabstein:

Der Grabstein des Hermann von Mittnacht befindet sich auf dem Alten Friedhof in der Brunnenstraße 4.

Das Landesarchiv Baden-Württemberg bescheinigt von Mittnacht, „während seiner gesamten Regierungszeit der eigentlich starke Mann des Königreichs zu sein und es somit auf den Weg einer parlamentarischen Monarchie" gebracht zu haben.

Im Jahre 1900 trat Hermann Freiherr von Mittnacht von all seinen Ämtern zurück – „aus Altersgründen", sagt Hartmut Semmler. Es finden sich aber auch Quellen, die den Rücktritt mit dem großen Wahlerfolg der Volkspartei von 1895 in Zusammenhang bringen, mit dem von Mittnachts Stern ins Sinken geriet.

Seinen Ruhestand verbrachte der Jurist und Politiker mit seiner Familie in Friedrichshafen am Bodensee. Hier war er wohlgelitten und man zollte ihm große Bewunderung. Der Evangelische Kirchenbote schrieb im Mai 1909 anlässlich seines Todes: „Am 5. Mai bewegte sich ein feierlicher Trauerzug von der Villa Mittnacht zum alten Friedhof: es galt, die Hülle des dahingeschiedenen Ministers a. D. Dr. v. Mittnacht im Schoß der Erde zu bergen." Offensichtlich fühlte sich der württembergische König Wilhelm II., der Nachfolger König Karls, Mittnacht auch nach dessen Rücktritt noch verbunden. Zumindest erschien Wilhelm zu Mittnachts Beerdigung. Der Kirchenbote schreibt: „Sogar unser in Ehrfurcht geliebter König hat ‚die Leiche seines treuen und verdienten Dieners zur Ruhe' geleitet."

Hermann von Mittnachts Name ist in Vergessenheit geraten und auch die Erinnerung an den König, der ihn auf seinem letzten Weg geleitete, verblasst. Nur der Grabstein erzählt noch davon, dass der Mann, der bei der Gründung des Deutschen Reichs eine solch wichtige Rolle spielte, in Friedrichshafen seine letzte Ruhe fand. Hermann von Mittnacht starb, ohne zu ahnen, dass die Welt, bei deren Schaffung er sich so stark eingebracht hatte, wenige Jahrzehnte später im Ersten Weltkrieg in tausend Scherben zerspringen sollte.

Eva-Maria Bast

Stadtarchivar Jürgen Oellers vor dem Clubhaus des Rudervereins mit der Pilzsäule.

Clubhaus

Wie schön du bist, so ungeschminkt

Ein sonntäglicher Spaziergang an der Östlichen Uferstraße entlang verspricht hübsche Aussichten – soviel weiß wohl jeder Flaneur. Doch welch´ geschichtsträchtigen Boden er hier unter den Füßen hat, das ist sicher nicht jedem bewusst. Denn dieser Boden ist aus Kriegstrümmern aufgeschüttet – die gesamte Östliche Uferstraße und auch ein Teil des Geländes, auf dem einige Jahre nach Ende des Zweiten Weltkriegs der Ruderverein Friedrichshafen seine Heimat gefunden hat. Und genau hier findet sich ein Stück Baukultur, an dem viele allzu achtlos vorbeigehen: Die Säule, die auf der Terrasse des Clubhauses am Ruderverein thront, ist 50er-Jahre-Architektur in ihrer reinsten Form. „Da ist alles drin, was die 50er Jahre ausmacht", begeistert sich Jürgen Oellers, Stadtarchivar in Friedrichshafen. „Das ist wirklich was Besonderes." Die Säule scheint im Dach zu verschwinden – strebt quasi in selbiges hinein, verschmilzt mit ihm, ganz ohne scharfe Ecken und harte Kanten. Optimistische Architekturausrichtung der 1950er Jahre eben. Fachleute nennen Säulen dieser Form „Pilzsäule".

Der damalige Präsident des Rudervereins, Otto P.W. Hüni, beauftragte einen Architekten namens Sterkel mit der Planung des Bootshauses, das im Frühjahr 1955 fertiggestellt wurde. Eingeweiht wurde es am 8. Mai desselben Jahres – genau zehn Jahre nach Kriegsende. Und am Ende der neuen, aus Kriegstrümmern geschaffenen Uferpromenade stand nun dieser schöne Zweckbau mit einer kühn über den See gebauten Terrasse. Denn damals – vor der Renaturierung des Bodenseeufers – fiel die Mauer unterhalb der Terrasse noch steil ab und schuf eine scharfe Trennung zwischen See und Land. Der Verein ist heute auch Eigner dieses wertvollen Seegrundstücks.

Bevor das Clubhaus hier gebaut wurde, sah die Lage deutlich düsterer aus: 400.000 Kubikmeter Schutt bedeckten die Stadt nach den elf Luftangriffen. Die erste Idee war – aus heutiger Sicht vollkommen wahnwitzig – den ganzen Schrott einfach mitten in den Bodensee zu kippen. Aus den Augen, aus dem Sinn, sozusagen. Es fehlte allerdings an Treibstoff für die Transportschiffe – Gott sei Dank. 1947 errichtete Bauunternehmer Louis Rostan dann auf dem heutigen Gelände des Rudervereins eine Trümmerverwertungsanlage. 22 Meter ragte der Turm der Anlage in die Höhe. Kipploren auf einer Schmalspurbahn, im Volksmund „Trümmer-Express" genannt, karrten den Schutt in den östliche Teil des Hafens – und das ging natürlich bei derartigen Mengen nicht von heute auf morgen, sondern dauerte bis 1953. Durch das Mahlwerk der Aufbereitungsanlage ging, so hieß es damals, praktisch die komplette Altstadt. 140.000 Kubikmeter Schutt wurden binnen sechs Jahren verarbeitet.

„Monte Scherbelino", der große Trümmerhaufen, wurde von Willy Sohn, Hobby-Dichter und viele Jahre Stadtrat für die Freie Wähler Vereinigung, in einem Gedicht gar als „Konkurrenz zum Säntis drübe" bezeichnet. Zuerst wurden die Bombentrichter zugeschüttet. Das erste Hochhaus der Stadt – das „Orion" an der Friedrichstraße – war das letzte Haus, für dessen Bau Trümmersplitt verwendet wurde. Mit dem Rest des Splitts wurde die Ufermauer an der östlichen Promenade aufgeschüttet.

Von diesem Fleckchen Erde ging nach Ende des Krieges auf gewisse Art und Weise viel Hoffnung aus. Hier setzte die Aufbereitungsanlage all die Trümmer, die der fürchterliche Krieg hinterlassen hatte, in Neues um. In Bausteine für eine Zukunft, an die die Menschen glaubten – eben weil sie Hoffnung hatten. Hier nahm ein Club, dessen Hab und Gut zerstört worden war wie das so vieler anderer auch, seinen Betrieb wieder auf, nachdem die Trümmeraufbereitungsanlage abgebaut worden war. Und hier zeigt sich heute das ungeschminkt schöne Gesicht einer Stadt, die in den 50er-Jahren wieder aufgebaut wurde. Peter Renz schreibt in seinem Buch „Friedrichshafen. Eine deutsche Stadt am See" so treffend: „Wo in anderen Stadtbildern am See aufwändig renovierte Prunkfassaden aus längst vergangenen Jahrhunderten den falschen Zauber einer heil gebliebenen Welt verströmen, zeigt sich in Friedrichshafens Straßen und Plätzen die Spur der Geschichte als Verlust und Gewinn zugleich: Wir sind noch mal davon gekommen und haben den Neuanfang gewagt." Im Neuanfang liegt auch ein Pfund, mit dem eine Stadt wie Friedrichshafen wuchern kann. Denn wie sagt der alte Häfler so gern: „'S war doch alles hie!" So ganz Unrecht hat er damit natürlich nicht. Doch die Ungeschminktheit dieser Stadt birgt große Chancen. Das sieht auch Jürgen Oellers so. „Wir haben wenig aus dem Mittelalter, ganz wenig aus der Frühen Neuzeit, das wurde alles zerstört – da müssen wir mit etwas Anderem wuchern." Und irgendwann in der Zukunft werden andere Städte genau solche Bauten wie das Vereinsheim eben nicht haben. An dieser Stelle empfiehlt der Stadtarchivar etwas mehr Selbstbewusstsein: „Wir müssen uns dann auch hinstellen und sagen: Wir haben etwas geschaffen!"

„Man wollte damals auch die schlechte Zeit vergessen – und Freizeitaktivitäten waren ein Anknüpfungspunkt an die Normalität", sagt der Stadtarchivar. Insofern ist der Sportverein am Wasser symbolhaftes Beispiel für den Aufbruch – „fast ikonografisch", wie es Oellers formuliert. Aus Neuanfang wird irgendwann, wenn viele Jahre ins Land gegangen sind, Geschichte – so ist der Lauf der Dinge. Und irgendwann in vielleicht nicht allzu ferner Zukunft wird ein Vereinsheim wie das des Rudervereins die Architektur sein, auf die geschaut wird. „Dann wird das als altehrwürdig gelten", kündigt der Stadtarchivar an.

Julia Blust

So geht's zum Clubhaus:

Vom Hinteren Hafen aus an der Östlichen Uferstraße entlang, liegt rechter Hand das Vereinsheim des Rudervereins Friedrichshafen.
Das Gelände ist nicht frei zugänglich. Das Clubhaus mit Terrasse zum See ist vom Strand an der Östlichen Uferstraße gut zu sehen.

Froschtümpel im Seewald.

Froschtümpel
Der Unterschied zwischen Schein und Sein

Flüchtig mag man sich bei einem Spaziergang durch den Seewald vielleicht fragen, warum der kleine Tümpel rechts des Weges so kreisrund ist. Aber dann lässt man die Grübelei auch schon bleiben und gibt sich der romantisch-friedlichen Stimmung an diesem kleinen Froschteich hin. Dabei ist seine Entstehungsgeschichte höchst dramatisch, nicht im Mindesten still und schon gar nicht friedlich. Der Froschtümpel bildete sich nämlich in einem der Sprengkrater, die bei den Luftangriffen im April und Juli 1944 (siehe Geheimnis 38) in den Boden gerissen wurden. „Und weil die Bombentrichter im Grundwasserzustrom liegen, ist Wasser eingesickert oder Regenwasser sickerte durch den Lehmboden nicht ab. Das ist ein ganz wunderbarer Lebensraum für Frösche", sagt Bertrand Schmidt von der Abteilung Umwelt und Naturschutz im Rathaus Friedrichshafen. Im Seewald und im Wald Fahrtholz gibt es insgesamt etwa zwei Dutzend Froschtümpel in ehemaligen Bombentrichtern. Auch im Riedlewald ist im staunassen Boden noch ein solcher Trichter zu finden. Im Rahmen des Projekts „Grünes Klassenzimmer" hat Schmidt den bis dato sehr vermüllten

> **So geht's zu den Bombenkratern:**
>
> Seewald: Den Bombenkrater im Seewald findet man, wenn man die Straße „Am Klärwerk" bis zum Ende fährt, am Waldrand parkt und auf dem Hauptweg in den Wald hineingeht. Der Froschtümpel befindet sich nach etwa 200 Metern auf der rechten Seite des Wegs.
>
> Riedlewald: Wenn man von der ZF-Arena, dem Stadion des VfB Friedrichshafen, aus den Hauptweg in den Riedlewald geht, findet sich der Froschtümpel im Unterholz auf der rechten Seite – versteckt im Wald.

Bertrand Schmidt beim
Froschtümpel im Riedlewald.

Bombenkrater im Riedlewald mit Schulkindern zwei Spaten tief aus-
gehoben und so dafür gesorgt, dass sich das Regenwasser staut und
im Teich Tiere wie Grasfrosch und Libelle heimisch werden können.
Und des Nachts jagen dann auch noch Fledermäuse über den mücken-
reichen Tümpel und stillen ihren Hunger und ihren Durst.

Warum die feindlichen Flieger ihre zerstörende Last über dem Wald
und nicht über der Industrie, die ja eigentlich Ziel ihres Angriffs war,
abwarfen? „Man war mit den Bomben schnell mal einen Kilometer aus
der Reihe", erklärt Schmidt die Fehlabwürfe aus sehr großer Höhe.

Bis zu fünf Meter tief seien die Bomben in den weichen Waldboden
eingedrungen, erzählt Bertrand Schmidt. Über die Jahrzehnte haben
sich die Krater nach und nach von unten mit tonigem Lehm und
Schlamm aufgefüllt. Jetzt sind die Bombentrichter nur noch etwa zwei
Meter tief und haben einen Wasserstand von rund einem halben Meter.

Übrigens gibt es auf der Gemarkung Friedrichshafen auch noch zahlreiche Trockenbombentrichter. Bertrand Schmidt weiß, dass sie zum Beispiel in Raderach am Weiherberg bei der Mülldeponie und im Bereich der ehemaligen V2-Raketen-Versuchsanlagen zu finden sind. Sie haben ein ehemals ebenes Stück Land in eine hügelige Landschaft verwandelt.

Die Menschen, die heute über die Hügel gehen, wissen oftmals nicht mehr, dass es eine zerstörerische Kraft war, die diese Landschaft geformt hat. Wobei – die Trockenkrater und Froschtümpel erinnern zwar an Krieg, Leid und Schrecken. Aber sie sind im Grunde auch ein Symbol des Glücks im Unglück: Wären die Bomben nicht im Wald oder auf freiem Feld niedergegangen, hätten sie noch mehr Leid über die kriegsgebeutelte Stadt gebracht und vermutlich unzählige Menschen mehr getötet als ohnehin schon ums Leben kamen.

Und heute erfreuen sich Frösche, Libellen und Fledermäuse dieses so entstandenen Lebensraums.

Eva-Maria Bast

43

Für die Alte Festhalle in der Scheffelstraße wurde ganz besonderes Baumaterial verwendet.

Alte Festhalle

Kreativ, pragmatisch, häflerisch

Echte schwäbische Handarbeit, aus alt mach neu, pragmatisches Handeln in der schweren Zeit des Wiederaufbaus: Dieser Zweckbau steht für so Vieles, was das Friedrichshafen der Nachkriegszeit ausmacht – und was der Stadt am See bis heute erhalten geblieben ist. Ob Flohmarkt, sportliches Training, Fahrradbörse oder Rock'n'Roll-Party: Die alte Festhalle an der Scheffelstraße hat in den vergangenen Jahrzehnten wahrlich viel erlebt. Vom Ende des Zweiten Weltkriegs bis in die 1980er-Jahre war die Halle der größte Veranstaltungsort in der Stadt. Sie wurde 1949 innerhalb von nur zwei Monaten errichtet, denn sämtliche großen Säle waren im Krieg zerstört worden, allen voran natürlich der Zeppelin-Saalbau und der Saal des Hotels „Buchhorner Hof".

Was allerdings kaum einer weiß: Das Grundgerüst für die Festhalle bildeten die konstruktiven Teile einer Lagerhalle der Dornier Metallbauten in Manzell, Stahlfachwerkträger aus dem Luftschiffbau wurden für das Dach verwendet. Aus Mangel an Material wurden offenbar die teils sogar bombenbeschädigten Teile für die neue Turn- und Festhalle zur Hand genommen.

Josef Keßler, während des Kriegs Flakhelfer, erinnert sich in seinen Aufzeichnungen an den Bau der Halle, bei dem er mithalf. „Wir haben kräftig in die Hände gespuckt", schreibt er. „Schlechtwettergeld kannten wir nicht." Keßler, 1928 in Fischbach geboren, war zu Kriegszeiten noch ein Jugendlicher, während der Zeit des Wiederaufbaus dann gerade mal um die 20 Jahre alt. Auf insgesamt 24 Baustellen, notiert er, half er beim Abräumen von Trümmerschutt, beim Abbruch verkohl-

> **So geht's zur Festhalle:**
>
> Die Festhalle liegt an der Scheffelstraße 16, Ecke Katharinenstraße.

149

ter Wände und beim Mauern von neuen. „Verdienter Lohn waren die vielen Richtfeste mit Most am Freitag Abend und Kater am Samstag morgen."

Die Festhalle an der Scheffelstraße schien für Keßler etwas Besonderes in der langen Reihe der Bauprojekte zu sein: „Ein ‚Kulturdenkmal' setzte ich mir an der Ostfassade, zweiter Mauerpfeiler von rechts, fünf Meter hoch, 21 Wabensteine pro Schicht im Kreuzverband, reinstes Sichtmauerwerk in echter schwäbischer Handarbeit, schön." Die Verwendung der Dornier-Bauteile war natürlich aus der Not heraus geboten, Alternativen gab es schlichtweg nicht. Und das kulturelle Leben war quasi zum Erliegen gekommen, fehlte es doch gänzlich an geeigneten Räumlichkeiten. Eine Laienschauspieltruppe suchte sich gar die alten Baracken an der Hochstraße aus, um dort Theatervorführungen zu geben – und erhielt prompt einen Rüffel der Stadtverwaltung, schließlich war die so genannte „Olympia-Baracke" in Sachen Sicherheit nicht gerade vorzeigbar.

So war die Turn- und Festhalle in der Scheffelstraße, die im Sommer 1949 eingeweiht wurde, ein echter Glücksfall, nicht nur für den ehemaligen Flakhelfer Josef Keßler. Auch wenn den Verantwortlichen am Bau offenbar doch etwas mulmig zumute war ob der kreativ-pragmatischen Auswahl des Baumaterials. „Ängstliche Statiker überwachten die Dachmontage der Festhalle mit alten, bombenbeschädigten Stahlfachwerkträgern aus dem Luftschiffbau", schreibt Keßler.

Wo Menschen aus beschädigtem altem Stahlfachwerk eine Halle bauen, die den Bürgern Platz gibt, um Schönes zu erleben, da wird es immer weitergehen. Und sei die Ausgangslage noch so entmutigend. Josef Keßler, der beim Bau der Festhalle mit angepackt hatte, arbeitete noch bis 1953 als Maurer beim Wiederaufbau seiner Heimatstadt mit. Später zog es ihn fort, er studierte Bauingenieur und war bis 1991 als Bauleiter, Statiker und Architekt tätig. Mit Bauteilen wie bei diesem Projekt in der Scheffelstraße hatte er aber vermutlich niemals wieder zu tun.

Julia Blust

44

Gisela Acker-
mann bei dem
Wegkreuz.

Wegkreuz
Von Fortschritt und Gebet

Es ist ein Ort, an dem zwei Welten aufeinanderprallen: die der stillen Andacht, des Gebets, des Innehaltens und die der Geschwindigkeit, des Wachstums, des Fortschritts. Das Wegkreuz, das sich schräg gegenüber

Die Inschrift auf der Rückseite.

dem Messeparkplatz befindet, bildet einen fast schon skurrilen Gegensatz zu den unzähligen vorbeibrausenden Autos auf der Messestraße. Es scheint aus der Zeit gefallen zu sein und genau deshalb wohnt ihm ein ganz besonderer Zauber inne. Kein Wunder, denn das Wegkreuz wurde in einer Zeit errichtet, in der es noch keine Messe gab, und deshalb kündet es still und leise von dieser vergangenen Welt. Einer Welt, in der das heutige Messeareal noch aus Feldern bestand und Menschen in Öschprozessionen durch die Straßen zogen, um bei dem Wegkreuz für eine gute Ernte zu bitten und darum, von Hagel und Unwetter verschont zu bleiben. Und dann veränderte sich die Welt rund um das Wegkreuz. Daran erinnert sich die Urhäflerin Gisela Ackermann, die unweit des Kreuzes lebt und deren Vater eng mit dem Vater des Bauernhof-Besitzers befreundet war, auf dessen Gelände das Kreuz einst stand. „Der Bauernhof hieß ursprünglich ‚Hof Schädler'", berichtet sie. „Und die Vorfahren vom Freund meines Vaters haben das Kreuz wohl errichten lassen." Davon zeugen auch die Initialen, die, oberhalb und unterhalb der Jahreszahl 1882, auf der Rückseite des Kreuzes eingemeißelt sind: B. Sch. und Th. Sch. Der Nachfolger des Bauern Schädler, Willi Hildebrand, erzählt: „Seit ich denken kann, steht das Kreuz an dieser Stelle." Das Gelände gehört heute allerdings nicht mehr zum Bauernhof.

Ob das Kreuz nun von weiten Feldern oder von Autos umgeben ist: Viele Bitten und Sorgen dürften die Menschen ihm im Laufe der Jahrzehnte anvertraut haben. Die hütet es nun tief in seinem steinernen Leib. Und wer weiß – vielleicht wirft manch ein Autofahrer, der auf der Messestraße vorüberzischt, dem Kreuz ein leises, stummes Gebet zu.

Eva-Maria Bast

So geht's zum Wegkreuz:

Das Kreuz steht an der Ecke Allmansweiler Straße / K 7726.

Barbara Waibel, Leiterin des Archivs der Zeppelin Luftschiffbau GmbH, vor dem einstigen Ledigenheim.

Ledigenheim
Wannenbäder und Trockengemüse

Ein hübscher, für Häfler Verhältnisse eher etwas älterer Bau – das ist der erste Eindruck des Passanten an der Ecke Ernst-Lehmann-Straße/ Maybachplatz. Doch bei genauerem Hinsehen zeigen sich zwei bedeutungsschwangere Buchstaben, goldene Lettern, die am Balkon über dem Eingang befestigt sind: „ZW". Was in Friedrichshafen spielt und mit dem Buchstaben „Z" beginnt, hat aller Wahrscheinlichkeit nach mit Zeppelin zu tun. Tatsache: Die Zeppelin-Wohlfahrt ist Erbauer dieses schönen Hauses, das dem Stil nach an das Zeppelindorf erinnert. Und vor knapp 100 Jahren herrschten in diesem Haus noch deutlich strengere Regeln als heute – zum Beispiel durften hier keine Frauen wohnen. Denn es handelte sich damals um ein „Ledigenheim", ein – wie der Name eben sagt – Heim für ledige Männer. In Auftrag gegeben wurde der Bau von der Zeppelin-Wohlfahrt, Baubeginn war im März 1915. „Wenn Hochkonjunktur bei den Industriebetrieben ist, werden eben auch extrem günstige Zimmer gesucht", erläutert Barbara Waibel, Leiterin des Archivs der Zeppelin Luftschiffbau GmbH. Und an der Belegung des Heims lässt sich im Grunde ganz gut ablesen, wie gut es damals lief in den Firmen.

35 Pfennig Miete pro Woche, 20 Pfennig für ein warmes Wannenbad und ein „vollständiges Bett" in jedem Zimmer: Wer hier wohnen durfte, konnte sich wirklich glücklich schätzen. „Unser Ledigenheim mit seinen 91 Betten war das ganze Jahr durch vollbesetzt", steht im Geschäftsbericht der Zeppelin-Wohlfahrt über das Jahr 1916. „Auch hier konnten die Gesuche um Aufnahme bei weitem nicht befriedigt werden." Um diese Zeit herrschte große Wohnungsnot in Friedrichshafen, dafür sorgte nicht zuletzt die boomende Industrie. Also nahmen die jungen Herren die strengen Regeln – die in dieser Zeit allerdings gemeinhin üblich waren – wohl gerne in Kauf. Zumal die Zimmer bestens ausgestattet waren, so steht es auch schon in der Hausordnung geschrieben. Voraussetzung für den Bewerber war es, außer männlich auch noch unverheiratet und Arbeiter oder Angestellter bei Zeppelin zu sein. „Die Aufnahme in das Ledigenheim ist bei den Betriebsleitungen (Luftschiffbau oder Motorenbau), zu beantragen und kann, soweit Platz vorhanden, jederzeit erfolgen", steht in der Hausordnung. Im Mietpreis war einiges inbegriffen, was die Zimmer selbstredend umso attraktiver machte: Heizung und Beleuchtung, Waschen der Handtücher und des Bettzeugs waren inklusive. Frische Handtücher gab's einmal pro Woche, frische Bettwäsche alle vier Wochen. Auch die Reinigung der Zimmer sowie das „Aufmachen der Betten" wurde von der Verwaltung besorgt – ein Rundum-Sorglos-Paket für die Herren also. Mit ein paar kleinen Haken:

Das Ledigenheim wurde 1915 gebaut. Nach schweren Beschädigungen im Zweiten Weltkrieg wurde es 1949 wieder instand gesetzt.

„Das Haus wird um ½ 11 Uhr geschlossen. Eine Viertelstunde nach dieser Zeit wird die Beleuchtung ausgeschaltet und es muss Ruhe herrschen", schreibt die Hausordnung vor – kein Raum für Kompromisse. Unter Paragraf 7 wird's in den Regeln besonders restriktiv, vor allem die Zusammenstellung der Themen spricht Bände: Hier geht es um Inventar, Frauen, Feuer und Licht sowie Tabakkonsum – in genau dieser Reihenfolge: „Jede mißbräuchliche Benutzung der Wohnräume und des Inventars ist untersagt. Besuch weiblicher Personen ist nur in den Aufenthaltsräumen, nach vorheriger Anmeldung beim Hausmeister, gestattet. Mit Feuer und Licht ist besonders vorsichtig umzugehen, auch ist das Rauchen im Bett verboten." Noch viele weitere Punkte sind in der Hausordnung geregelt – vom Bilder-Aufhängen bis hin zum Beschwerdewesen.

Übrigens: Im Untergeschoss des Ledigenheims befand sich der Hausordnung zufolge eine „Gemüsetrocknerei". „Offenbar war das damals eine populäre Art, Lebensmittel haltbar zu machen", sagt Barbara Waibel. „Im Zeppelin-Dorf gab es nämlich eine Trockendarre für Obst" – eine Einrichtung zum Lufttrocknen also. Das Trockengemüse wurde im Dachstuhl des Zeppelin-Saalbaus gelagert und in der dortigen Kantine verbraucht. Die Waschgelegenheiten im Untergeschoss des Gebäudes konnten auch vom übrigen Teil der Bevölkerung genutzt werden. Im

So geht's zum
Ledigenheim:

Das ehemalige Ledigenheim steht an der Ernst-Lehmann-Straße 26 an der Ecke zum Maybachplatz.

Geschäftsbericht 1916 ist genau aufgeführt, wie viele Häfler das nutzten: „802 Personen aus den Betrieben" und „58 Personen aus der Stadt" nahmen im Jahresverlauf Wannenbäder, weitere „41 Personen" sind beim Punkt „Brausebäder" vermerkt.

Die Pläne für das Ledigenheim stammten von Professor Paul Bonatz und Friedrich Eugen Scholer. Bonatz gilt als bekanntester Vertreter der so genannten „Stuttgarter Schule", zu seinen Werken zählt der Stuttgarter Hauptbahnhof. Zudem war Bonatz Hausarchitekt der Zeppelin-Wohlfahrt – aus seiner Feder stammen auch die Entwürfe für das Zeppelindorf. Im Zweiten Weltkrieg wurde das Ledigenheim schwer beschädigt – der Dachstuhl brannte ab, die südliche Hälfte wurde zerstört. „Es wurde dann aber 1949 wieder instand gesetzt", berichtet Barbara Waibel. Nach dem Krieg wurde es nicht mehr als Wohnheim genutzt. Heute befinden sich im früheren Ledigenheim Wohnungen, nachdem dort zwischenzeitlich die Büros der Verwaltung der Zeppelin-Wohlfahrt und die Bücherei untergebracht waren. Seit dem Wiederaufbau dürfen übrigens auch Frauen hier ein- und ausgehen. Wie es mit dem Rauchen im Bett aussieht, ist nicht überliefert.

Julia Blust

Das ehemalige Gasthaus „Zum Kreuz".

46

Das Gasthaus Traube
Ein Gläschen im Ausland

So ganz grün waren sich die Badener und die Schwaben zwar noch nie – und in einem geteilten Ort, durch den die Landesgrenze zwischen Baden und Württemberg verlief, waren die Spannungen besonders groß. Das

157

Das Hotel-Restaurant Traube.

hinderte trinkfreudige Herrschaften aber keineswegs daran, auch mal im „Ausland" ein Gläschen zu heben, wenn es dort kostengünstiger angeboten wurde. In den Genuss, im „Ausland" Alkohol konsumieren zu können, kamen die Bewohner von Waggershausen. „Der Ort war bis 1843 teilweise württembergisch, teilweise badisch", erzählt der Waggershausener Karl-Hermann Weidemann. „Und im badischen Gasthaus ‚Traube' waren die Getränke billiger, also ging man da öfters hin." Das gefiel Konrad Frik, dem Wirt der wenige Meter entfernt liegenden Wirtschaft „Zum Kreuz" im württembergischen Teil von Waggershausen, freilich gar nicht. 1830 beklagte er diesen Zustand in einem Schreiben an König Wilhelm I. (1781–1864) und bat um „allergnädigste Ertheilung der Schild-Wirtschafts-Gerechtigkeit". Mit dem „baden'schen Einwohner", der zwei Jahre zuvor „eine SchenkWirthschaft errichtete" könne er unmöglich „concurriren", weil diesem erlaubt ist, „seinen Wein-Bedarf zollfrey aus dem Baden'schen einführen zu dürfen". Allerdings brachte der Wirt in seinem Schreiben die Hoffnung zum Ausdruck, dass er das „Gleichgewicht gegen (s)einen bevorzugten baaden'schen Concurrenten" herstellen könne: Sei sein Haus doch feiner als die „Traube", und er gehe davon aus, dass „wenigstens die bessere Klasse von Gästen das bessere

Local, auch bei etwas erhöhtem Getränke-Preis, vorzieht". Dennoch wünsche er die Schildwirtschafts-Gerechtigkeit – sprich, die Erlaubnis, auch Übernachtungsgäste aufzunehmen – erteilt zu bekommen. Er würde dadurch „keinem Inländer schaden, sondern lediglich den Nachtheil überwinden, in welchen (ihn) ein Ausländer dadurch zu seyen vermöchte, dass er durch geringe Wirthschafts-Abgaben und durch Zollfreyheit sehr begünstigt ist",

So geht's zu den Häusern:

Das Hotel Restaurant „Traube" befindet sich in der Sonnenbergstraße 12 in Waggershausen.

Das ehemalige Hotel „Zum Kreuz" steht im Fuchsweg 2 in Waggershausen.

argumentiert der geschäftüchtige Wirt, der sein Schreiben mit den Worten beendet: „Ich erkühne mich daher, Eure Königliche Majestät allerunterthänigst zu bitten: mir die SchildwirthschaftsGerechtigkeit allergnädigst zu ertheilen." Frik hatte Glück: 1842 steht im Konzessionsbuch des Donau-Kreis-Oberamtes Tettnang: „Frik, Konrad zu Waggershausen war früher Gassenwirth, betreibt folgendes Gewerbe: Schildwirtschaft, Branntweinbrennerei, hat einen Garten nah beim Haus."

Durch den Staatsvertrag vom 28. Juni 1843 zwischen dem Königreich Württemberg und dem Großherzogtum Baden fiel die badische Enklave von Waggershausen im Tausch gegen das württembergische Schlossgut Hersberg an das Königreich Württemberg.

Die Gasthäuser blieben beide bestehen. Zollvorteile hatte allerdings keiner mehr – waren sie doch nun beide schwäbisch/württembergisch. Das Gasthaus „Zum Kreuz" wurde mittlerweile in ein Wohnhaus umgewandelt. Das Gasthaus „Zur Traube" gibt es aber heute noch – es hat sich inzwischen zu einem großen Hotel gemausert. Und wenn die Gäste sich in der „Traube" entspannen und aus ihrem Zimmerfenster blicken, dann sehen sie heute noch die Fassade der ehemaligen württembergischen Wirtschaft, deren Inhaber sich so stark benachteiligt glaubte, durch die Bäume schimmern.

Eva-Maria Bast

47

Gustav Brinkmann
Otto Müller
9.11.1935.

Der Gedenkstein für Gustav
Brinkmann und Monteur Otto
Müller am Seemooser Horn.

Flieger-Gedenksteine

Schwarze Tage

Hans Kinzler, Diplom-Ingenieur und gerade erst ein paar Monate bei der Firma Dornier beschäftigt, war am 5. Juli 1934 auf dem Nachhauseweg nach Manzell. Da erreichte ihn ein Gerücht, das sich schnell als schreckliche Wahrheit herausstellen sollte: Ein Militärflugzeug, die Do 11 mit der Werknummer 304, war während eines Probeflugs abgestürzt. Kinzler hatte kurz zuvor noch mit Hans Kemmer, dem Leiter der Dornier-Versuchsabteilung, gesprochen, bevor jener das Flugzeug bestieg. Die Dornier-Konstruktionen gehörten zu den wichtigsten Flugzeugen der bis 1935 getarnt aufgebauten Luftwaffe und zur Erstausrüstung der Bombergeschwader.

„Zu diesem Zeitpunkt waren etwa 30 Do 11 ausgeliefert, man hatte die Musterprüfung nach den Bauvorschriften der Prüfstelle für Luftfahrzeuge durchgeführt, aber eine Auflage des Reichsluftfahrtministeriums (RLM) war noch offen: der Bahnneigungsflug 15 Grad", beschreibt Kinzler in seinen Erinnerungen, die im Archiv EADS/Dornier liegen. Und eben jener Bahnneigungsflug sollte an diesem Tag ausgeführt werden. An Bord waren Kinzlers Notizen zufolge vier Personen: Wilhelm Böhnke, Abnahmepilot des Reichsluftfahrtministeriums, Franz Schlotter, Leiter der RLM-Bauaufsicht, Bordwart Karl Kobel und Hans Kemmer, Leiter der Dornier-Versuchsabteilung. „Niemand im Werk dachte an Schwierigkeiten, man betrachtete den Flug wie sonst einen normalen Flug in dem behördlichen Abnahmeverfahren", schreibt der Ingenieur wei-

> **So geht's zu den Gedenksteinen:**
>
> Ein Gedenkstein steht auf dem Weg zur Zeppelin-Universität (Am Seemooser Horn 20), kurz bevor die Straße eine Biegung nach links macht. Dort, links an den Bäumen, findet sich der Stein neben einer Ruhebank.

ter. Die Do 11 flog in Richtung Tettnang. Dort, so rekonstruiert Kinzler, wurde sie wohl in die 15-Grad-Neigung gebracht. „Deshalb erhöhte sich die Geschwindigkeit, die Eigenschwingungen wurden angeregt und schließlich brach eine Spitze des Tragwerks mit daran hängendem Querruder. Das Flugzeug konnte nicht mehr beherrscht werden, die Insassen konnten sich mit ihren Fallschirmen nicht mehr retten", vermutet er.

Der Werksleiter in Friedrichshafen sandte ein Erkundungsflugzeug aus, als die Do 11 nicht zurückkehrte – eine Do 13, Werknummer 231. Dass genau diese Maschine ausgewählt wurde, war purer Zufall – sie stand eben gerade bereit. Als wäre der Tag nicht schon tragisch genug verlaufen, stürzte auch dieses Flugzeug ab. Der Suchtrupp fand ein ebenso tragisches Ende wie die Gesuchten. Die Ursache für diesen zweiten Absturz konnte nie ergründet werden. An Bord der Do 13 waren Flugkapitän Erich Haal sowie die Monteure Birkenhauer und Hommel.

Die Folge des Unglücks war ein sofortiger Produktionsstopp. In der Luftschiffhalle in Löwental wurden in einer eigens dafür konzipierten Anlage Schwingungsversuche ausgeführt. Denn die Ursache des Absturzes, die Eigenschwingungen, waren ein bis dato unbekanntes Phänomen an den lang gestreckten Tragflächen der Do 11. Ingenieure von Dornier und Vertreter der Deutschen Versuchsanstalt für Luftfahrt (DVL) entwickelten nun gemeinsam den so genannten Standschwingungsversuch, erdachten neue Messmethoden und Messgrößen. An beiden Baureihen – Do 11 und Do 13, die seit dem Unglück Do 23 hieß – wurden die Änderungen berücksichtigt. Warum Do 23? Das Flugzeug wurde nach dem schrecklichen Ereignis kurzerhand umbenannt: Bei der Serie wurde die „böse 13", wie die Dornier-Mitarbeiter sagten, durch die „23" ersetzt.

„Eine schmerzhafte, aber technisch fruchtbare Periode in der Firmengeschichte", schreibt Kinzler. „Der Standschwingungsversuch wurde weltweit bei allen Flugzeugen eingeführt. Die Folgen waren verbesserte Konstruktionen und erhöhte Flugsicherheit. Man erinnert sich heute nicht an die Entstehung dieser Versuchstechnik. Der Beginn war erkauft durch den Tod der Menschen, deren Gedenksteine von den Dornier-Rentnern gepflegt werden."

Drei Gedenksteine sorgen dafür, dass die neun Toten nicht in Vergessenheit geraten: zwei stehen bei Tettnang, einer am Seemooser Horn. Drei Steine? Neun Tote? Die schwarze Serie war nach diesem Tag leider nicht zu Ende: Nur wenige Monate später, am 9. Januar 1935, stürzte eine weitere Maschine ab – in den See vor Manzell. Auch diesmal war es eine Do 11, an Bord waren Flugzeugführer Gustav Brinkmann und Monteur Otto Müller. Sie hatte die Werknummer 317. Mutmaßlich hatten wieder Störungen am Tragwerk das Unglück verursacht. Die Gedenksteine – teilweise schwer zu finden – sorgen auch in Zukunft dafür, dass die Menschen nicht in Vergessenheit geraten, die bei den Abstürzen ihr Leben lassen mussten. Ehemalige Dornier-Mitarbeiter pflegen die Gedenksteine bis heute.

Julia Blust

48

Auf dem altehrwürdigen Klostergemäuer erhebt sich heute ein Bordell.

Bordell im Kloster
Wenn das die Nonnen gewusst hätten!

In dieses Haus gehen Männer entweder schnurstracks hinein oder sie machen einen weiten Bogen darum, damit sie nicht damit in Verbindung gebracht werden. Wer allerdings einfach nur am „Bodensee Bordell" in Friedrichshafen vorbeispaziert oder -fährt, der wundert sich etwas über die Architektur des Gebäudes: Da ragt ein schreiend rot gestrichenes Haus aus altem Gemäuer empor. Und altes Gemäuer ist im einst weitgehend zerbombten Friedrichshafen ja nun wirklich eine Seltenheit. Befasst man sich intensiver mit der Geschichte dieses Hauses, ist man ziemlich verblüfft und schwankt – je nach persönlicher Prägung – zwischen Amüsiertheit und aufrichtiger Empörung: Bei dem Gemäuer, auf dem sich das heutige Bordell erhebt, handelt es sich nämlich um die letzten Reste des Klosters Löwental, das Ritter Johannes von Ravensburg-Löwental und seine Frau Tuta von Angelberg im Jahr 1250 stifteten. Um das Kloster mit Leben zu füllen, wurde im Gründungsjahr die Konstanzer Beginengemeinschaft der „Konversen von Au" (conversae de Owe) nach Löwental gerufen, der auch Johannes' Ehefrau Tuta von Angelberg beitrat. Johannes selbst wurde wenige Monate später Mitglied bei den Konstanzer Dominikanern.

Das Kloster entwickelte sich in den ersten 100 Jahren seines Bestehens gut: Zeitweise lebten dort 120 Schwestern und das Kloster Löwental galt als eines der größten und bedeutendsten Dominikanerinnenklöster des Bodenseeraums. Die Nonnen betrieben mithilfe von Mägden und Knechten eine mehr als 200 Hektar große Eigenwirtschaft. Zudem hatten die abhängigen Bauern des Klosters Abgaben und die Höfe der Löwentaler den Pfarreien Zehn-

> **So geht's zum Bordell in Klostermauern:**
>
> Das Bordell befindet sich in der Flugplatzstraße 9 auf halbem Weg zwischen Bodensee-Center und Flughafen.

ten zu leisten. Mit der Zeit geriet der Stern des Klosters Löwental immer weiter ins Sinken. 1416 lebten lediglich noch knapp 30 Frauen im Konvent und auch die bauliche Substanz wurde immer mehr vernachlässigt. Gänzlich in die Knie ging das Kloster während des Dreißigjährigen Kriegs (1618–1648) im Jahre 1634, als große Teile von schwedischen Soldaten zerstört wurden. Erst 1657 begann man mit dem Wiederaufbau. Mit der Weihe der Klosterkirche waren die Aufbaumaßnahmen im Jahre 1687 fertig gestellt.

Als Schwäbisch-Österreich im Zuge der Säkularisation 1806 an die französischen Verbündeten überging, wurde das Kloster aufgelöst. Noch sechs Jahre war es den Schwestern erlaubt, das Konventsgebäude weiter zu bewohnen. Doch 1812 wurde das Kloster zur Kaserne und die Pfarrrechte der Klosterkirche gingen an die gerade frisch gegründete Stadt Friedrichshafen über. 1826 wurde das Klosterareal versteigert und die Gebäude bis auf einen Teil des Ostflügels und des Kreuzgangs abgerissen. Und schließlich zerstörten die Angriffe der feindlichen Flieger im Zweiten Weltkrieg 1944 weitere Teile der ehemaligen Klosteranlage. Noch erhalten sind die 1709 und 1747/48 entstandene Klostermühle und 230 Meter der westlichen und südlichen Klausurmauer.

Und aus dieser ragt nun ein Häfler Freudenhaus auf. Übrigens wollte Johannes von Ravensburg-Löwental seine Stiftung mit dem Namen „Himmelswonne" versehen – und in der Tat hieß das Kloster auch bis 1253 so. Ob sich der Stifter wohl im Grabe umdrehen würde, wenn er wüsste, dass der ursprüngliche Name „Himmelswonne" nun eine ganz andere Bedeutung bekommen hat?

Eva-Maria Bast

49

Am Turm und an den Strebepfeilern am gotischen Chor wurde 1993 die Eckquaderung neu aufgemalt.

St.-Nikolaus-Kirche

Kleiner Lapsus

Kurz–lang–kurz. Die gemalten Steine am Turm der St.-Nikolaus-Kirche am Adenauerplatz verlaufen immer nach demselben Muster. „Eckquaderung" nennt der Fachmann diese Optik. Solche regelmäßigen Quaderungen findet man immer wieder an den Ecken von alten Steinbauten. Die dazu verwendeten Steinquader wurden vom Steinmetz zuvor sorgfältig behauen und setzen sich vom übrigen Mauerwerk oder der verputzten Fassade deutlich ab. Mit ihrer Größe, ihrer Form und der regelmäßigen Ordnung im Mauerverband verleihen sie den Ecken der alten Bauwerke Stabilität und sind zugleich eine anspruchsvolle, „herrschaftliche" Verzierung. Daher begegnen uns diese Eckquaderungen auch besonders häufig an Burgen, Schlössern, Stadttürmen oder Kirchen.

**So geht's zur
Nikolaus-Kirche:**

Die Kirche steht am Kirchplatz 1. Die Eckquaderung ist sowohl am Turm als auch an den Strebepfeilern außen am gotischen Chor zu sehen.

Und eben diese Quadersteine können auch nur aufgemalt sein, so wie es bei der Nikolauskirche der Fall ist. Auch an der nächsten Turmecke sehen wir es wieder: kurz–lang–kurz. Die Bemalung findet sich an allen vier Kanten des Kirchturms sowie an den Strebepfeilern außen am gotischen Chor der Kirche. Doch diese gemalten Steine bergen ein – zugegebenermaßen skurriles – Geheimnis: Sie sind am Turm nämlich nicht so aufgemalt, wie es eigentlich sein sollte. Bei der Sanierung 1993 passierte der Fehler, der heute natürlich keinem Laien auffällt.

Der Profi dagegen weiß um den kleinen Lapsus. „Das ‚Drübermalen' ist eine seit Jahrhunderten geübte Dekoration, die möglichst sorgfältig ausgeführt wurde und deren Farbspuren an vielen Bauten durch restauratorische Untersuchungen nachzuweisen sind", erklärt Volker Caesar, von 1991 bis 2008 Gebietsreferent für den Bodenseekreis im Landesdenkmalamt in Tübingen. Er gibt den entscheidenden Tipp beim Betrachten der Eckquaderung: Jeder imaginäre Stein soll ja im Mauerverband, genauso wie der echte Steinquader, eine kurze und eine lange Ansichtseite aufweisen. Wie beim Backsteinmauerwerk spricht man bei der Langseite vom „Läufer" im Gegensatz zum „Binder" bei der kurzen Seite. An einer gemauerten Gebäudeecke ist daher sowohl die Läufer- als auch die Binderseite jedes Quaders sichtbar.

Schaut man bei St. Nikolaus nur auf eine Seite der Turmecke – ganz egal, welche der vier Ecken man betrachtet –, dann stimmt der Rhythmus der übereinander geschichteten gemalten Steinlagen mit kurz–lang–kurz noch. Auf der anderen Seite jedoch, einmal übers Eck gesehen, setzt sich das Prinzip kurz–lang–kurz nicht lagenweise versetzt fort: Der kurze Stein bleibt kurz, der lange bleibt lang! Es wechseln sich somit gemalte würfelförmige Steine mit dicken gemalten Platten ab – ein fatales Missverständnis des Mauerwerksbaus. Aber, wie es so geht am Ende jeder Baumaßnahme: Es ist Eile geboten, die Maler kommen zum Schluss und als man ihren Fehler entdeckt, wird bereits das Gerüst abgebaut.

Während das Prinzip kurz-lang-kurz lagenweise fortgesetzt werden sollte, wurden hier kleine und große Steine abwechselnd geschichtet.

Auf Bildern aus den 1960er-Jahren ist die originale Eckquaderung an der Kirche noch zu sehen – damals jedoch aus steinsichtigen Quadern, die die verputzten Wände des Turmes einfassen, und nicht in der heutigen aufgemalten Fassung. Und es ist deutlich zu erkennen, dass die Steine selbstverständlich lagenweise versetzt angeordnet sind. Noch eine letzte Anmerkung zu Verputz und Farbe auf den Fassaden alter Bauten: „Im 19. Jahrhundert entdeckte man mittelalterliche Architektur neu", erläutert Denkmalpfleger Caesar, „und interpretierte sie aus romantischer Sicht." Über die Jahrhunderte hätten die Steinbauten ihren Verputz und ihre Bemalungen oftmals verloren und zeigten nun ihr offen liegendes Bruchstein- und Quadermauerwerk. Dieses Erscheinungsbild sei damals Teil der neuen Wertschätzung mittelalterlicher Bauten geworden. Jedoch habe man solche Gebäude ursprünglich höchst selten in Sichtmauerwerk errichtet. Vielmehr wurden ihre Mauern zumeist komplett verputzt und farbig gefasst, sie standen also nicht „in Unterhosen da", wie Caesar es bildlich umschreibt. Doch das passte eben nicht so recht in die romantische Vorstellung.

Der Schönheit der Nikolauskirche jedenfalls ist auch eine – sagen wir mal „neu interpretierte" – Eckquaderung nicht ganz abträglich.

Julia Blust

Die Salzgasse, die von der Karlstraße an die Uferpromenade führt,
ist ungewöhnlich breit. Das hat
einen ganz bestimmten Grund.

Salzgasse
Wandeln auf politischen Spuren

Woher hat die Salzgasse ihren Namen? Und: Warum ist sie so ungewöhnlich breit? In das kleine Sträßchen, das westlich vom „Medienhaus am See" von der Stadt ans Ufer führt, würden locker zwei, wenn nicht gar drei Innenstadtsträßchen nebeneinander passen. Dadurch, dass die Gasse auch noch ziemlich kurz ist, wirkt sie dank ihrer Breite fast schon wie ein Platz. Zufall? „Nein", sagt Stadtarchivar Jürgen Oellers. „Das hat einen ganz besonderen Grund. Und den kennt heute fast keiner mehr." Die Gasse entspricht exakt dem Grundriss des einstigen Friedrichshafener, – besser gesagt – Buchhorner Rathauses. Drei Stockwerke war der Steinbau hoch. „Wir wissen gar nicht, seit wann dieses Rathaus existiert hat, vermutlich schon seit dem Mittelalter", sagt Oellers. „Es war ein sehr langes und schmales Gebäude. Die Maße betrugen 7,5 Meter mal 25 Meter." 1828 musste das Rathaus weichen. Ein Spediteur namens Johann Peter Lanz (1805–1891), Inhaber des Speditionsunternehmens J. P. Lanz & Cie. in Friedrichshafen mit Filialen in Mannheim und Regensburg, brauchte eine Zufahrt zum See: „Es ging um Waren aller Art, vor allem aber um das oberschwäbische Getreide, das in die Schweiz verschifft wurde", erklärt Oellers. Als das Rathaus zum Verkauf stand, erwarb es der geschäftstüchtige Spediteur für 9500 Gulden. Wenig später ließ er es abreißen, um dort die Durchfahrt errichten lassen.

Das Rathaus wanderte an den heutigen Adenauerplatz, wo es sich immer noch befindet: Zunächst war es in einer alten Scheuer untergebracht, die ausgebaut wurde. „Lange Jahre sah das Rathaus aus wie ein Wohngebäude", beschreibt der Stadtarchivar. 1907 wurde es durch ein neugotisches Rathaus ersetzt. Nachdem es im Zweiten Weltkrieg durch Luftangriff am 28. April 1944 zerstört worden war, wurde das heutige Rathaus im Jahre 1956 errichtet.

Und wie kommt die Salzgasse zu ihrem Namen? Doch nicht etwa, weil der Spediteur mit seinem Kauf den Ratsherren die Suppe versalzen hat,

Das Straßenschild gibt logischerweise keine Auskunft darüber, woher die Salzgasse ihren Namen hat.

indem er ihnen die Möglichkeit nahm, bei Seesicht Politik zu machen? „Nein", schmunzelt Oellers. „Das Rathaus stand ja zum Verkauf, vermutlich auch, weil der Stadtschultheiß an den repräsentativeren Marktplatz wollte. Die Gasse wurde nach dem benachbarten Gebäude benannt." Dort, wo heute das „Medienhaus am See" steht, befand sich nämlich einst der Salzstadel, in dem seit 1759 Salz und andere Waren gelagert wurden. „Er war wesentlich größer als das benachbarte Rathaus, was auch zeigt, wie wichtig die Wirtschaft im Vergleich zur Politik war", erklärt der Historiker. Sechs Häuser hätten abgebrochen werden müssen, um für den Salzstadel, der in den Jahren 1759/60 errichtet wurde, Platz zu schaffen. Schließlich war das Gebäude 95 Meter lang und „es nahm einen großen Teil der Seefront ein", erzählt Oellers. Anno 1755 hatte Bayern mit der Stadt Buchhorn den Salzvertrag abgeschlossen, was zu einem starken Aufschwung des Warenverkehrs über den See in die Schweiz führte.

Wand an Wand müssen das Rathaus und der Salzstadel gestanden haben und wenn überhaupt, gab es nur eine sehr schmale Lücke zwischen den Gebäuden. „Den Namen Salzgasse gibt es seit der letzten Hälfte des 19. Jahrhunderts, als der Salzhandel gar nicht mehr betrieben wurde. Das war eine Zeit, in der man sich zurückbesann, was es früher hier gegeben hat, und mit dem Namen eine Erinnerung schaffen wollte", sagt Oellers. Der Salzhandel ist nämlich schon 1809, noch unter bayerischer Verwaltung, aufgelöst worden. „Die Bayern hatten

Eine derart breite Gasse ist ungewöhnlich. Auch, wenn Jürgen Oellers die Arme ausbreitet, bleibt noch viel Platz.

wahrscheinlich schon erkannt, dass sie Buchhorn verlieren würden, was 1810 dann ja auch wirklich geschah", erläutert der Stadtarchivar. Man nutzte das Gebäude nun zunächst als Lagerhaus, ab 1827 auch für den Zoll und die Eisenbahnverwaltung. Im Dritten Reich befanden sich

So geht's zur Salzgasse:

Die Salzgasse zweigt westlich vom Medienhaus von der Karlstraße ab.

unter anderem das Dornier-Museum und das städtische Verkehrsamt im Salzstadel. Beim Luftangriff am 28. April 1944 wurde das Gebäude teilweise zerstört und danach mit einem Notdach wieder funktionsfähig gemacht. Wieder fanden Einzelhandel und Cafés darin eine Heimat, bis der Bau 1960 (Westteil) und 1972 (Ostteil) abgerissen wurde. An dem Platz stand dann zunächst das Hauptgebäude der Kreissparkasse, bevor 2007 das „Medienhaus am See" errichtet wurde.

Und die vielen Menschen, die durch die Salzgasse gehen – vielleicht um am See ein paar gemütliche Stunden zu verbringen, vielleicht auch, um sich im Medienhaus mit Büchern zu versorgen – ahnen nicht, dass dort, wo ihre Füße nun den Boden berühren, einst Politik gemacht wurde.

Eva-Maria Bast

Danksagung

Geheimnisse sind ständig einer Gefahr ausgeliefert. Der Gefahr, vergessen zu werden. Ohne Menschen, die ihr Wissen zum rechten Zeitpunkt weitergeben, würden enorme Schätze für immer verloren gehen. Wir danken all jenen, die ihr Wissen mit uns geteilt und sich viel Zeit genommen haben, um uns auf unserer Spurensuche zu begleiten. Wir danken auch unseren Kollegen beim SÜDKURIER, die uns bei unserem Projekt mit Rat und Tat kräftig unterstützt haben, hier vor allem Chefredakteur Stefan Lutz, der sich von unserer Idee gleich hellauf begeistert zeigte – und das schon im vergangenen Jahr, als die ersten drei Bände der „Geheimnisse der Heimat" in den Städten Überlingen, Konstanz und Villingen-Schwenningen entstanden.

Ein riesiges Dankeschön geht an unsere Familien und Freunde für die großartige Unterstützung. Fürs Rückenfreihalten, Korrekturlesen und für die juristische Beratung. Wir danken ihnen für die Geduld, die sie aufbrachten, wenn wir vor lauter Schreiben die Zeit – und so manches andere – vergaßen.

Eva-Maria Bast und Julia Blust im Oktober 2012

Literatur und Quellen

Amtsblatt der Eisenbahn-Generaldirektion Stuttgart vom 30. Mai 1922.

Baden-Württembergische Biografien Band 5:
Eckener, Hugo. {Bei Redaktionsschluss des Buches noch unveröffentlicht.}

Baden-Württembergische Biografien Band 5:
Weyl, Hugo Johannes Julius Ulrich. {Bei Redaktionsschluss des Buches noch unveröffentlicht.}

Becher, Veit:
„Die Flakkaserne Friedrichshafen in Schnetzenhausen", in:
Stadtarchiv Friedrichshafen (Hrsg.), Friedrichshafener Jahrbuch für Geschichte und Kultur 2009, Band 3, Aichhalden 2009, S. 98ff.

Beschreibung des Oberamtes Tettnang 1838.

Brockhaus:
Geschichte. Personen, Daten, Hintergründe, Mannheim 2006, S. 678.

Bürgerbuch Friedrichshafen 2011/12 mit der Gemeinde Immenstaad, Karlsruhe 2011.

Caesar, Bernd; Marcinkowski, L.:
Die Lipbacher St.-Laurentius-Kapelle. Broschüre des Arbeitskreises Heimatgeschichte Kluftern e.V. zum Tag des offenen Denkmals 1996. Herausgeber: Arbeitskreis Heimatgeschichte Kluftern e.V., Friedrichshafen 1996.

Colsman, Alfred:
Luftschiff voraus! Arbeit und Erleben am Werke Zeppelins, Stuttgart/Berlin 1933, S. 134/135.

Dargel, Eveline:
„Neubeginn des kulturellen Lebens während der französischen Besatzungszeit 1945 bis 1949", in:
Stadtarchiv Friedrichshafen (Hrsg.), Friedrichshafener Jahrbuch für Geschichte und Kultur 2009, Band 3, Aichhalden 2009, S. 185 ff.

Ebner, Uwe:
„Historie der Wasserversorgung in Friedrichshafen", Technische Werke Friedrichshafen GmbH, Friedrichshafen o.J.

Einwohnerbuch Große Kreisstadt Friedrichshafen 1971:
Die Strom- und Gasversorgung der Stadt Friedrichshafen, Karlsruhe 1971, S.13–16.

Essers, Ilse:
Technik an meinem Lebensweg, Gnas (Österreich) 2004.

Evangelischer Kirchenbote Friedrichshafen, Mai 1909.

Geolino.de:
Seine Pappenheimer kennen. URL: www.geo.de/GEOlino/mensch/redewendungen/deutsch/58260.html, Stand: 25. März 2012.

Geschäftsbericht der Zeppelin-Wohlfahrt 1916, Archiv der Luftschiffbau Zeppelin GmbH.

Geschichtspfad Friedrichshafen:
URL: www.friedrichshafen.de/unsere-stadt/historisches/geschichtspfad/ Stand: 31. Juli 2012.

Globig, Michael:
„Mit der Tonne in die Atmosphäre", in:
Referat für Presse- und Öffentlichkeitsarbeit der Max-Planck-Gesellschaft zur Förderung der Wissenschaften e.V. (Hrsg.), Max-Planck-Forschung. Das Wissenschaftsmagazin der Max-Planck-Gesellschaft, Ausgabe 4/2006, S.56 f. URL: www.mpg.de/971088/MPF_2006_4.pdf, Stand 4. Juni 2012.

Goerlich, Martina; Blumer, R.; Butenuth, J.; Richter, S.:
„Immer an der Wand lang… Die Sanierung des Schlosshafenstegs in Friedrichshafen", in:
Denkmalpflege in Baden-Württemberg, Nachrichtenblatt der Landesdenkmalpflege, 41. Jahrgang, Heft 1/2012, Stuttgart 2012.

Haller, Ernst:
„Die Welt zu Gast. Entwicklung der Messe Friedrichshafen", in:
Semmler, Hartmut und Oellers, Jürgen (Hg): Friedrichshafen. Stadtgeschichtliche Rundgänge. Schriftenreihe des Stadtarchivs, Band 5, Tübingen 2007, S. 89ff.

Haller, Ernst:
„Ein Schweizer hatte die Idee: Zwölf Bürger gründeten die IBO. Fünfzig Jahre Messen in Friedrichshafen", in:
Bodenseekreis/Stadt Friedrichshafen: Leben am See. Das Jahrbuch des Bodenseekreises, Band XVII 2000. Tettnang 2000, S. 225ff.

Haller, Ernst:
Mühlen in und um Friedrichshafen, Friedrichshafen 2010, S. 90ff.

Haller, Ernst/Verein zur Pflege des Volkstums Friedrichhafen e.V.:
Fasnachtszeiten. Brauchtum von Buchhorn bis Friedrichshafen, Friedrichshafen 1997, S. 33ff.

Hansjakob, Heinrich:
Schneeballen vom Bodensee. Erzählungen. Nach der Ausgabe von Adolf Benz & Comp., Stuttgart 1911. Neu herausgegeben und mit einer Einführung von Helmut Bender versehen, Waldkirch 1989, S. 265ff.

Hauptstaatsarchiv Stuttgart

Hoben, Josef:
Friedrichshafen. Bewegte Zeiten – Die 50er Jahre, Gudensberg-Gleichen 2001, S. 6ff., S. 21.

Hüni, Ulrich und Frei-Borchers, Martin:
150 Jahre Hüni + Co – eine Reise durch die Zeiten, Friedrichshafen 2009, Broschüre ohne Seitenzahlen.

Kaefer, Rudolf:
Alfred Colsman – ein ungewöhnlicher Unternehmer, 1873–1955, Friedrichshafen 2001.

Kathpedia.de, Eintrag „Laurentius von Rom". URL: www.kathpedia.de/index.php?title=Laurentius_von_Rom, Stand 11. Juni 2012.

Katzenwadel-Drews, Brigitte:
Claude Dornier. Pionier der Luftfahrt, Bielefeld 2007, S. 36–37.

Keßler, Josef:
„Der Tod kam nach Schnetzenhausen", in:
Beilage zum Bodensee Senior Nr. 41, 1994.

Keßler, Josef:
Untergang der Stadt am See. Schriftenreihe Deutschlands jüngste Soldaten im Krieg der Bomber 1943–45, Dokumentation des Häfler Flakhelfers Josef Sepp Keßler, Einsatzorte Friedrichshafen und Karlsruhe, Suhr 2003, S. 144ff.

Keßler, Josef:
Untergang der Stadt am See, Rombach (Schweiz) 1996.

Kinzler, Hans:
Erinnerungen, Archiv der EADS/Dornier GmbH.

Krüger, Joachim u.a.:
Kirchenführer Schlosskirche Friedrichshafen. Herausgegeben von der Evangelischen Schlosskirchengemeinde, Friedrichshafen 2007.

Landesarchiv Baden-Württemberg, Hauptstaatsarchiv Stuttgart: Bestand Q1/51 URL: https://www2.landesarchiv-bw.de/ofs21/olf/einfueh.php?bestand=6752, Stand: 11. Juni 2012.

Landesdenkmalamt Baden-Württemberg:
Grenzsteine. Erhaltenswerte Zeugnisse der Geschichte. (Merkblatt)

Landesdenkmalamt Baden-Württemberg:
Liste der Kulturdenkmale.

LKG – Ingenieurbüro für Bautechnik:
Fachbegriffe: URL: www.elkage.de/src/public/showterms.php?id=2556,
Stand 31. Juli 2012.

Maier, Fritz:
Friedrichshafen – Ein Heimatbuch I, Friedrichshafen 1983, S. 124ff.,
194f., 323ff.

Maier, Fritz:
Friedrichshafen – Ein Heimatbuch II, Friedrichshafen 1994, S. 161ff.,
339, 348, 352ff., 373.

Maier, Fitz:
Friedrichshafen – Ein Heimatbuch Band III, Friedrichshafen 2004,
S. 43 ff., 171ff., 449ff.

Matz, Klaus-Jürgen:
„Mittnacht, Hermann Freiherr von", in:
Neue Deutsche Biographie 17 (1994), S. 589f. [Onlinefassung]; URL:
www.deutsche-biographie.de/pnd118734261.html,
Stand: 11. Juni 2012.

Messerschmid, Max:
„Buchhorn und Hofen im Dreißigjährigen Krieg", in:
Schriften des Vereins für Geschichte des Bodensees und seiner Umge-
bung, Friedrichshafen 1971, S. 23ff.

Messerschmid, Max:
175 Jahre Friedrichshafen, Friedrichshafen 1986, S. 28–30.

Munzinger Online/Brockhaus – Enzyklopädie in 30 Bänden. 21. Auflage.
Aktualisiert mit Artikeln aus der Brockhaus-Redaktion:
Eintrag „Goetheanum", URL: www.munzinger.de/document/12008063405,
Stand 5. August 2012.

Munzinger Online/Personen – Internationales Biographisches Archiv:
Eintrag „Gutbrod, Rolf", URL: www.munzinger.de/docu-
ment/00000012041, Stand: 5. August 2012.

Munzinger Online/Personen – Internationales Biographisches Archiv: Eintrag „Maybach, Karl", URL: www.munzinger.de/document/00000003726, Stand 10. Juni 2012.

Munzinger Online/Brockhaus – Enzyklopädie in 30 Bänden. 21. Auflage. Aktualisiert mit Artikeln aus der Brockhaus-Redaktion: Eintrag „Napoleon", URL: www.munzinger.de/document/12015032610, Stand: 9. Juli 2012.

Munzinger Online/Personen – Internationales Biographisches Archiv: Eintrag „Regener, Erich", URL: www.munzinger.de/document/00000000607, Stand: 4. Juni 2012.

Oberamt Tettnang.

Oellers, Jürgen; Semmler, Hartmut: 52 Stadtgeschichten. Schriftenreihe des Stadtarchivs Friedrichshafen, Band 8. Herausgegeben von der Stadt Friedrichshafen, Friedrichshafen 2012, S. 9ff., 144ff.

Pfarrarchiv St. Petrus Canisius: Rundschreiben des Kreisleiters vom 9. Januar 1945.

Pfarrarchiv St. Petrus Canisius: Schreiben des Valentin Mohr an den Kreisleiter vom 7. Januar 1945.

Renz, Peter: Friedrichshafen, Eine deutsche Stadt am See, Tübingen 2008, S. 10, S. 159.

Schwäbische Zeitung vom 22.7.1950, 29.4.1959, 5.7.1994, 27.6.2008, 20.10.2009.

Seeblatt vom 24.8.1882, 5.6.1884, 12.6.1884, 16.5.1914, 29.5.1922, 4.5.1931, 5.5.1931.

Selinger, Peter F.: Fembio: Ilse Essers. URL: www.fembio.org/biographie.php/frau/biographie/ilse-essers/. Stand: 15. September 2012

Semmler, Hartmut; Oellers, Jürgen (Hrsg.):
Friedrichshafen. Stadtgeschichtliche Rundgänge. Schriftenreihe des Stadtarchivs, Band 5, Tübingen 2007, S. 62, S. 107.

Stadt Friedrichshafen (Hrsg.):
Sanierung des Schlosshafenstegs, Broschüre 2011.

Stadt Friedrichshafen:
Ingeborg Cleiss ist Patin für das Torpedo-Fragment im Stadtarchiv. URL:
www.friedrichshafen.de/bildung-erziehung/stadtarchiv-mit-bodenseebibliothek/news-detail/datum/2010/04/01/ingeborg-cleiss-ist-patin-fuer-das-torpedo-fragment-im-stadtarchiv/, Stand 21. August 2012.

Stahl, Hermann:
Schmitthenner Siedlung 1935–2005, Tettnang 2006, S. 69f.

Steinhauser, Norbert (Leitung):
Geschichten aus Buchhorn und Friedrichshafen. Historisches Lesebuch für die Jugend der Stadt. Vorgelegt vom Arbeitskreis für Heimatgeschichte an den Schulen Friedrichshafens. Dritte, stark erweiterte und überarbeitete Auflage 1996, Schriftenreihe des Stadtarchivs Friedrichshafen Band 2, S. 327, 341ff., 363ff.

Stottele, Tillmann:
Verordnung des Landratsamts Bodenseekreis zum Schutz von Mammutbäumen (Sequoiadendron giganteum) in der Stadt Friedrichshafen. Würdigung. 1997.

SÜDKURIER vom 19.9.1950, 23.6.2003, 8.9.2011.

Verein zur Pflege des Volkstums Friedrichshafen. URL: www.seegockel.de/ueberuns/historie/historie.html, Stand 5. Juli 2012.

Volks-Blatt, Amtsblatt für den k. Oberamts-Bezirk Tettnang vom 14. Febr. 1855.

Weidemann, Karl-H.: Zollhaus am Schlossdamm, unveröffentlicht.

Waibel, Raimund; Wieland G.:
750 Jahre Kloster Löwental. Herausgegeben von der Stadt Friedrichshafen, Stadtarchiv, Friedrichshafen 2000.

Weidemann, Karl-Hermann:
Die Teuringer Talbahn von 1919 bis 1960, unveröffentlicht.

Weißmann, Heinrich:
Geschichte des Ortes und der Pfarrei Kluftern. 1948. URL:
www.geschichtsverein.de/pdf/Chronik%20Kluftern%20Hauptteil%20.pdf,
Stand 11. Juni 2012.

Wieland, Georg:
Dominikanerinnenkloster Löwental – Geschichte, in:
Klöster in Baden-Württemberg. URL: www.kloester-bw.de/klostertexte.
Stand: 28. Mai 2012.

Wikipedia:
Territoriale Besonderheiten in Südwestdeutschland nach 1810: URL:
www.de.wikipedia.org/wiki/Territoriale_Besonderheiten_in_Suedwest-
deutschland_nach_1810#Badische_Exklaven, Stand: 17. Juni 2012.

Wikipedia:
Franz Seraph Stirnbrand. URL: www.de.wikipedia.org/wiki/Franz_
Seraph_Stirnbrand, Stand 10. August 2012.

Wikipedia:
Kreisreform Baden-Württemberg 1973. URL: www.de.wikipedia.org/
wiki/Kreisreform_Baden-Wuerttemberg_1973, Stand: 16. August 2012.

Wikipedia:
Karl Maybach. URL: www.de.wikipedia.org/wiki/Karl_Maybach, Stand
2. Juni 2012.

Württembergisches Seeblatt No. 21, 9. März 1848.

Zeppelin-Museum:
Texte zur Ausstellung „Hochseetauglich – Theodor Kober & 100 Jahre
Wasserflug am Bodensee, unveröffentlicht.

Haftungsausschluss

Trotz intensiver Gespräche mit unseren Gesprächspartnern, gewissenhafter Literaturrecherche und aufmerksamem Korrekturlesen erheben wir weder einen Anspruch auf Vollständigkeit noch auf Fehlerlosigkeit. Wir haben streng darauf geachtet, keine Urheberrechte zu verletzen, unsere Recherchen sind nach bestem Wissen und Gewissen erfolgt. Dennoch übernehmen wir keinerlei Gewähr für die Aktualität, Korrektheit oder Vollständigkeit der bereitgestellten Informationen. Haftungsansprüche gegen uns schließen wir grundsätzlich aus.

1	Atlas und Herkules	**18**	Canisiuskirche	**35**	Maybachs Haus
2	Grenzsteine	**19**	Villa Niederberger	**36**	Zeppelin-Universität
3	Schätzlesruh	**20**	Stadtmauer	**37**	Türme der Schlosskirche
4	Kapelle Schnetzenhausen	**21**	Villa Colsmann	**38**	Bunker
5	Lammgarten	**22**	Zeppelinbrunnen	**39**	Regenerstraße
6	Trafoturm	**23**	Jesus im Baumstamm	**40**	Grabstein von Mittnacht
7	Hüni + Co.	**24**	Bahndamm	**41**	Ruderer-Clubhaus
8	Schiffsglocke	**25**	Fliersteg	**42**	Froschtümpel
9	Fußstapfen	**26**	Besatzungszeit	**43**	Alte Festhalle
10	Badehäuschen	**27**	Grenzbach	**44**	Wegkreuz
11	Hafenkran	**28**	Karl-Olga-Brunnen	**45**	Ledigenheim
12	Kugelgelenk und Filter	**29**	Heizhaus Fallenbrunnen	**46**	Gasthaus Traube
13	Ruderer-Grabstein	**30**	Miettinger-Grab	**47**	Flieger-Gedenksteine
14	Schienenreste	**31**	Dorniermole	**48**	Bordell im Kloster
15	Mammutbäume	**32**	Wohnkomplex	**49**	St.-Nikolaus-Kirche
16	Brunnen im Riedlewald	**33**	Eichenmühle	**50**	Salzgasse
17	Blumenschale	**34**	Alter Hafen und Zollhaus		

Auch

Villingen-Schwenningen
hat viele Geheimnisse

Gehen Sie mit uns auf Spurensuche und entdecken Sie…

… Spuren von Hexen, eine seltsame Hausnummer, den Sieg eines Bäckers über einen Bürgermeister, eine Eiche, die als Galgen diente, ein Steinkreuz, das an einen grausamen Mord und eine tragische Liebesgeschichte erinnert, ein geheimnisvolles Metalltürchen am Münster, tiefe Krater im Stadtwald, die von Freundschaft unter Feinden künden und vieles mehr…

Eva-Maria Bast, Heike Thissen

**Geheimnisse der Heimat
Ausgabe Villingen-Schwenningen**

Erhältlich im Buchhandel
oder online unter:
www.buero-bast.de

Die Lieferung ist kostenlos.
14,90 Euro.

ISBN 978-3-00-035900-2

Auch

Aalen und Wasseralfingen haben viele Geheimnisse

Gehen Sie mit uns auf Spurensuche und entdecken Sie…

… das Drama um die Pfeife des Aalener Spions, die Schneewittchen-Geschichte der Stadt, den doppelten Johannes, eine Kirche, in der Tiere ein- und ausgingen, die Antwort auf die Frage, warum in einem Fresco scheinbar noch ein Pinsel steckt, Erinnerungen an jüdisches Leben und tragische Geschichten um die Opfer des Nationalsozialismus, Damen mit Badehäubchen, ein Haus, das einfach hochgehoben wird und noch vieles mehr…

Eva-Maria Bast, Sibylle Schwenk

Geheimnisse der Heimat
Ausgabe Aalen und Wasseralfingen

Erhältlich im Buchhandel
oder online unter:
www.buero-bast.de

Die Lieferung ist kostenlos.
14,90 Euro.

ISBN 978-3-9815564-2-1

Eva-Maria Bast
Vergissmichnicht
Ein Bodensee-Krimi
280 Seiten, 12 x 20 cm, Paperback
ET August 2012
ISBN 978-3-8392-1338-4, 11,90 €

Erhältlich im Buchhandel
und auf www.buero-bast.de

Von der Autorin der »Geheimnisse«: Ein spannender Krimi mit viel Lokalkolorit vor der traumhaften Kulisse des Bodensees.

Die Journalistin Alexandra Tuleit stößt auf den mysteriösen Todesfall des Carlo Bader, der 1980 in Überlingen ermordet wurde. Der Täter wurde nie gefunden. Elisabeth Meierle, eine alte Dame, reagiert äußerst merkwürdig, als Alexandra sie nach dem Toten fragt und bestellt sie zu einem geheimen Treffen. Doch als die Journalistin am vereinbarten Ort eintrifft, findet sie die alte Dame tot vor – ermordet. Zur gleichen Zeit verschwindet in Südfrankreich eine Frau. Die Spuren führen nach Überlingen und auch nach Konstanz, wo der Oberbürgermeisterkandidat Wolfgang Gruber einen erbitterten Wahlkampf führt. Der norddeutsche Kommissar Ole Strobehn arbeitet gemeinsam mit Alexandra Tuleit an der Aufklärung des Falls und entwirrt nach und nach die Fäden eines tragischen Familiendramas. Und auch sein Privatleben gerät in Aufruhr, denn zwischen ihm und der Journalistin knistert es gewaltig …

Wir machen's spannend
www.gmeiner-verlag.de

Besuchen Sie uns im Internet:

www.buero-bast.de